星ひとみの天星術
2024

月グループ

新月

NEW MOON

Star Eyes

HITOMI HOSHI

Happy Message

温かく豊かな波動
感じるエネルギーが強い

“新月”は

想像
空想
芸術
そんな世界の住人さん

ときに現実との境目が
わからなくなり

一度気になると抜け出せず
考えすぎてしまうこともある

何かに集中しすぎて
入り込みすぎてしまうこともある

自分は何者なのか
私は何が幸せなのか

あなたはとても
愛情ぶかく
人よりも気づいてあげられる人

だからこそ
人にも期待しすぎてしまうのかもしれません

痛みや寂しさを
知っているあなただからこそ
人の温かみをより感じられる

嬉しさや喜びも
愛を探しているあなただからこそ
誰かを愛することができる

人ではなくもっと自分に期待を

決して焦らず
答えを出すことを急がなくていい

あなた自身とても魅力的な人

少しだけ自信を増やし
少しだけ強い心で

また今日から希望に満ちた人生の旅へ

あなたの未来に光を

あなたは"大丈夫"

PROLOGUE

★ はじめに ★

皆様こんにちは、星ひとみです。

『星ひとみの天星術2024』を手にしていただき
またお会いできたことをうれしく思います。

この時代に皆様と出会い
天星術を通じ、つながることができた今に
心から感謝いたします。

この1年があっという間に過ぎたように感じた方も
逆に長かったなと感じた方もいるでしょう。

人生を満喫するために、生きるために。

笑ったり、怒ったり
挑戦したり、悩んだり。

なぜ自分だけがこのような目に遭うのかと
ときに苦しみ、前に進めなかった人も――。

心、生き方、歩む道のり。
人生に決めつけはなく
災いは回避し
苦しみは手放すことができる――。
私はそう信じています。
そして
あなたを照らす“光”はちゃんとある。

昨年に続き今年も、少しでも皆様の支えとなれるように
長い時間をかけて仕上げさせていただきました。

私のオリジナル鑑定法の「天星術」にも
生命の“光”が宿り
毎年少しずつ、ゆっくりと成長し、時代に合わせ、
私たちと一緒に動いています。

自分はダメだと決めつける必要はなく、
“影”や“リセット”の月でも、怖がる必要はありません。

自分の運命、
自分のリズム。

そして“光と影”。

あなたの今がどんな流れ《リズム》なのかを読みとり
一緒に進んでいきましょう。
私たちは生まれた瞬間に、星と光のエネルギーを受けて
それぞれの流れ《リズム》を授かります。

エネルギーは、月、地球、太陽の3つの天室に分かれ
「天星術」では、1つの天室を、さらに4つの天星に分けて見ています。

月グループは、満月、上弦の月、下弦の月、新月。
地球グループは、空、山脈、大陸、海。
太陽グループは、朝日、真昼、夕焼け、深夜。

天星には、それぞれナンバーがあり、あなたの星を知ることができます。
また、あなたの生まれた年で、運気が「赤」と「白」に分かれ、
2024年は、さらに深く運気を知ることができます。

中身を少し具体的に紹介しますと、
まずは、あなたの性格についての最新版トリセツ。
開運キーワード、12天星別の相性をお伝えするページから始まります。

次に、1年間という大きな視点で捉えた、2024年の運気や、
グラフで示した運気バイオリズム、
月ごとの開運メッセージと開運行動、天星ナンバー別の「赤」と「白」に分かれたお言葉、
さらに運気を、1日1日という点で捉えた毎日のメッセージがあります。

特に、全部で12ある天星をさらに細かく見て、
今年、今月のあなたがどんなリズムをもっているのか、
皆様の天星ナンバーの「赤」と「白」別に占っておりますので、
【2024年 天星ナンバー別の運気】【天星ナンバー別 今月のお言葉】に、
注目してみてください。

このように、あらゆる角度から運気を読むことで、
「今がどんな時期か――光なのか影なのか」「どんなことをすると幸せを感じられるか」
また「どんなことに気をつけたら不運を回避できるか」を分析することができます。

どこを読んでも、人生の“今”のヒントとなる言葉に出会えますように。

後半ページでは、「他の天星のプロフィール」も載せています。
自分を知り、相手を理解できたとき、素晴らしい関係となれるように
家族、お友達、仕事仲間、そして気になる人との付き合い方の参考にしてください。
まずは難しく考えず、肩の力を抜いてみましょう。

誰もが幸せになるチャンスがあります。
決して諦めなくていい。

あなたが幸せになるための
“キッカケ”となれたなら幸いです。

12天星別『星ひとみの天星術2024』
今日からあなたのお守りに。

皆様の1年が幸運の光につつまれますように。

自分を知り
今のリズムを知る
あなたの心に光を

天のエネルギー
星のエネルギーを“贈り”ます。

“あなたは大丈夫”

星ひとみ

CONTENTS

ASTROLOGY

天星術について

★ ★ ★

「天星術」は、中国に古くから伝わる東洋占星術をベースに、
さまざまな統計学や人間科学、心理的要素などを取り入れて作り上げた、
星ひとみによるオリジナル鑑定方法です。
時代とともに変化する“今”に合わせ、
進化させるべく研究を続けてきました。
生まれた日のエネルギーが、
月、地球、太陽のどのエネルギーの影響を受けているのか。
みなさんのエネルギーは、3つの天室に分かれ、
さらに4つの時星に導かれ、12の天星タイプとなっていきます。
「天星術」で読み解いていくことで、
過去にどんなことがあったのか、現在はどんな状況か、
そして未来がどうなっていくのかがわかります。
ただし大切なのは、**「天星術」は決して決めつけではない占術**である、ということ。
道がないことがわかれば、創ればいい。
壁にぶつかってしまうとわかれば、回避すればいい。
また、「天星術」は光と影、そのどちらも内包するもの。
光として出たのか、影として出たのか、
それを読みとれれば、自ら変えていくことができます。
失敗と感じても、
それは**未来に訪れる成功のために必要な失敗だった**、ということも。

未来をよりよくするために、占いをどう捉えて、どう動くのか。
あなたの心のもち方によって好転させることができる、
それが「天星術」です。

・天星術・
GROUP

月グループ

- 満月
- 上弦の月
- 下弦の月
- 新月

地球グループ

- 空
- 山脈
- 大陸
- 海

太陽グループ

- 朝日
- 真昼
- 夕焼け
- 深夜

HOW TO

あなたの天星の見つけかた

★★★

1

P.015から始まる **生年月表** を見て、
あなたの生まれた年と月が交わる数字を
探してください。

↓

2

その数字に、生まれた日の数字を足してください。
その数字があなたの **天星ナンバー** です。

※合計した数字が61以上になる場合は、その数字から60を引いたものが
天星ナンバーになります。

↓

3

P.014の **天星ナンバー対応表** を参照して、
天星を見つけてください。

↓

4

生まれ年(西暦)の下ひとけたが
偶数か奇数かを見て、赤か白かを確認します。

例

1995年4月20日生まれの場合

[生年月表]で1995年と4月が交わる数字は「58」。
「58」に生まれた日の「20」を足して「78」。
61以上になるので、60を引くと「18」。
[天星ナンバー対応表]を参照すると、「18」の天星は「夕焼け」。
生まれ年(西暦)の下ひとけたが奇数なので、「白」。

こちらでも！

CHECK!
あなたの天星は？

★★★

LINK 1

生まれた年 ＿＿＿＿＿＿ 年と
生まれた月 ＿＿＿＿＿＿ 月が
生年月表 で交わる数字 ○

LINK 2

❶で出した数字 ＋ 生まれた日の数字 ＝ **天星ナンバー** ☆

61以上の場合は、60を引いて

LINK 3

天星ナンバー対応表 によると
あなたの天星は（　　）の☆

例えば　「夕焼け」　の　「18」

LINK 4

生まれ年の下ひとけたが
偶数 …> 赤
奇数 …> 白

あなたは（　　）の☆の⬡です。

例えば　「夕焼け」　の　「18」　の　「白」

★ 天星ナンバー対応表 ★

天星ナンバーも覚えておこう！

グループ	天星	天星ナンバー
MOON 月グループ	満月	4 10 33 39 45
	上弦の月	11 17 32 38
	下弦の月	2 3 8 41 47
	新月	14 20 23 26 29 36
EARTH 地球グループ	空	6 43 49 54 55 60
	山脈	9 15 16 34 40 46
	大陸	1 5 50 53 56 59
	海	51 52 57 58
SUN 太陽グループ	朝日	21 22 27 28
	真昼	7 42 44 48
	夕焼け	12 18 31 37
	深夜	13 19 24 25 30 35

★ 生年月表 ★

生まれ年	和暦	干支	1月	2月	3月	4月	5月	6月	7月	8月	9月	10月	11月	12月
1920	T9	申	54	25	54	25	55	26	56	27	58	28	59	29
1921	T10	酉	0	31	59	30	0	31	1	32	3	33	4	34
1922	T11	戌	5	36	4	35	5	36	6	37	8	38	9	39
1923	T12	亥	10	41	9	40	10	41	11	42	13	43	14	44
1924	T13	子	15	46	15	46	16	47	17	48	19	49	20	50
1925	T14	丑	21	52	20	51	21	52	22	53	24	54	25	55
1926	T15 /S1	寅	26	57	25	56	26	57	27	58	29	59	30	0
1927	S2	卯	31	2	30	1	31	2	32	3	34	4	35	5

★ 生年月表 ★

生まれ年	和暦	干支	1月	2月	3月	4月	5月	6月	7月	8月	9月	10月	11月	12月
1928	S3	辰	36	7	36	7	37	8	38	9	40	10	41	11
1929	S4	巳	42	13	41	12	42	13	43	14	45	15	46	16
1930	S5	午	47	18	46	17	47	18	48	19	50	20	51	21
1931	S6	未	52	23	51	22	52	23	53	24	55	25	56	26
1932	S7	申	57	28	57	28	58	29	59	30	1	31	2	32
1933	S8	酉	3	34	2	33	3	34	4	35	6	36	7	37
1934	S9	戌	8	39	7	38	8	39	9	40	11	41	12	42
1935	S10	亥	13	44	12	43	13	44	14	45	16	46	17	47
1936	S11	子	18	49	18	49	19	50	20	51	22	52	23	53
1937	S12	丑	24	55	23	54	24	55	25	56	27	57	28	58

★ 生年月表 ★

生まれ年	和暦	干支	1月	2月	3月	4月	5月	6月	7月	8月	9月	10月	11月	12月
1938	S13	寅	29	0	28	59	29	0	30	1	32	2	33	3
1939	S14	卯	34	5	33	4	34	5	35	6	37	7	38	8
1940	S15	辰	39	10	39	10	40	11	41	12	43	13	44	14
1941	S16	巳	45	16	44	15	45	16	46	17	48	18	49	19
1942	S17	午	50	21	49	20	50	21	51	22	53	23	54	24
1943	S18	未	55	26	54	25	55	26	56	27	58	28	59	29
1944	S19	申	0	31	0	31	1	32	2	33	4	34	5	35
1945	S20	酉	6	37	5	36	6	37	7	38	9	39	10	40
1946	S21	戌	11	42	10	41	11	42	12	43	14	44	15	45
1947	S22	亥	16	47	15	46	16	47	17	48	19	49	20	50

★ 生年月表 ★

生まれ年	和暦	干支	1月	2月	3月	4月	5月	6月	7月	8月	9月	10月	11月	12月
1948	S23	子	21	52	21	52	22	53	23	54	25	55	26	56
1949	S24	丑	27	58	26	57	27	58	28	59	30	0	31	1
1950	S25	寅	32	3	31	2	32	3	33	4	35	5	36	6
1951	S26	卯	37	8	36	7	37	8	38	9	40	10	41	11
1952	S27	辰	42	13	42	13	43	14	44	15	46	16	47	17
1953	S28	巳	48	19	47	18	48	19	49	20	51	21	52	22
1954	S29	午	53	24	52	23	53	24	54	25	56	26	57	27
1955	S30	未	58	29	57	28	58	29	59	30	1	31	2	32
1956	S31	申	3	34	3	34	4	35	5	36	7	37	8	38
1957	S32	酉	9	40	8	39	9	40	10	41	12	42	13	43

★ 生年月表 ★

生まれ年	和暦	干支	1月	2月	3月	4月	5月	6月	7月	8月	9月	10月	11月	12月
1958	S33	戌	14	45	13	44	14	45	15	46	17	47	18	48
1959	S34	亥	19	50	18	49	19	50	20	51	22	52	23	53
1960	S35	子	24	55	24	55	25	56	26	57	28	58	29	59
1961	S36	丑	30	1	29	0	30	1	31	2	33	3	34	4
1962	S37	寅	35	6	34	5	35	6	36	7	38	8	39	9
1963	S38	卯	40	11	39	10	40	11	41	12	43	13	44	14
1964	S39	辰	45	16	45	16	46	17	47	18	49	19	50	20
1965	S40	巳	51	22	50	21	51	22	52	23	54	24	55	25
1966	S41	午	56	27	55	26	56	27	57	28	59	29	0	30
1967	S42	未	1	32	0	31	1	32	2	33	4	34	5	35

★ 生年月表 ★

生まれ年	和暦	干支	1月	2月	3月	4月	5月	6月	7月	8月	9月	10月	11月	12月
1968	S43	申	6	37	6	37	7	38	8	39	10	40	11	41
1969	S44	酉	12	43	11	42	12	43	13	44	15	45	16	46
1970	S45	戌	17	48	16	47	17	48	18	49	20	50	21	51
1971	S46	亥	22	53	21	52	22	53	23	54	25	55	26	56
1972	S47	子	27	58	27	58	28	59	29	0	31	1	32	2
1973	S48	丑	33	4	32	3	33	4	34	5	36	6	37	7
1974	S49	寅	38	9	37	8	38	9	39	10	41	11	42	12
1975	S50	卯	43	14	42	13	43	14	44	15	46	16	47	17
1976	S51	辰	48	19	48	19	49	20	50	21	52	22	53	23
1977	S52	巳	54	25	53	24	54	25	55	26	57	27	58	28

★ 生年月表 ★

生まれ年	和暦	干支	1月	2月	3月	4月	5月	6月	7月	8月	9月	10月	11月	12月
1978	S53	午	59	30	58	29	59	30	0	31	2	32	3	33
1979	S54	未	4	35	3	34	4	35	5	36	7	37	8	38
1980	S55	申	9	40	9	40	10	41	11	42	13	43	14	44
1981	S56	酉	15	46	14	45	15	46	16	47	18	48	19	49
1982	S57	戌	20	51	19	50	20	51	21	52	23	53	24	54
1983	S58	亥	25	56	24	55	25	56	26	57	28	58	29	59
1984	S59	子	30	1	30	1	31	2	32	3	34	4	35	5
1985	S60	丑	36	7	35	6	36	7	37	8	39	9	40	10
1986	S61	寅	41	12	40	11	41	12	42	13	44	14	45	15
1987	S62	卯	46	17	45	16	46	17	47	18	49	19	50	20

★ 生年月表 ★

生まれ年	和暦	干支	1月	2月	3月	4月	5月	6月	7月	8月	9月	10月	11月	12月
1988	S63	辰	51	22	51	22	52	23	53	24	55	25	56	26
1989	S64/H1	巳	57	28	56	27	57	28	58	29	0	30	1	31
1990	H2	午	2	33	1	32	2	33	3	34	5	35	6	36
1991	H3	未	7	38	6	37	7	38	8	39	10	40	11	41
1992	H4	申	12	43	12	43	13	44	14	45	16	46	17	47
1993	H5	酉	18	49	17	48	18	49	19	50	21	51	22	52
1994	H6	戌	23	54	22	53	23	54	24	55	26	56	27	57
1995	H7	亥	28	59	27	58	28	59	29	0	31	1	32	2
1996	H8	子	33	4	33	4	34	5	35	6	37	7	38	8
1997	H9	丑	39	10	38	9	39	10	40	11	42	12	43	13

★ 生年月表 ★

生まれ年	和暦	干支	1月	2月	3月	4月	5月	6月	7月	8月	9月	10月	11月	12月
1998	H10	寅	44	15	43	14	44	15	45	16	47	17	48	18
1999	H11	卯	49	20	48	19	49	20	50	21	52	22	53	23
2000	H12	辰	54	25	54	25	55	26	56	27	58	28	59	29
2001	H13	巳	0	31	59	30	0	31	1	32	3	33	4	34
2002	H14	午	5	36	4	35	5	36	6	37	8	38	9	39
2003	H15	未	10	41	9	40	10	41	11	42	13	43	14	44
2004	H16	申	15	46	15	46	16	47	17	48	19	49	20	50
2005	H17	酉	21	52	20	51	21	52	22	53	24	54	25	55
2006	H18	戌	26	57	25	56	26	57	27	58	29	59	30	0
2007	H19	亥	31	2	30	1	31	2	32	3	34	4	35	5

★ 生年月表 ★

生まれ年	和暦	干支	1月	2月	3月	4月	5月	6月	7月	8月	9月	10月	11月	12月
2008	H20	子	36	7	36	7	37	8	38	9	40	10	41	11
2009	H21	丑	42	13	41	12	42	13	43	14	45	15	46	16
2010	H22	寅	47	18	46	17	47	18	48	19	50	20	51	21
2011	H23	卯	52	23	51	22	52	23	53	24	55	25	56	26
2012	H24	辰	57	28	57	28	58	29	59	30	1	31	2	32
2013	H25	巳	3	34	2	33	3	34	4	35	6	36	7	37
2014	H26	午	8	39	7	38	8	39	9	40	11	41	12	42
2015	H27	未	13	44	12	43	13	44	14	45	16	46	17	47
2016	H28	申	18	49	18	49	19	50	20	51	22	52	23	53
2017	H29	酉	24	55	23	54	24	55	25	56	27	57	28	58

★ 生年月表 ★

生まれ年	和暦	干支	1月	2月	3月	4月	5月	6月	7月	8月	9月	10月	11月	12月
2018	H30	戌	29	0	28	59	29	0	30	1	32	2	33	3
2019	H31/R1	亥	34	5	33	4	34	5	35	6	37	7	38	8
2020	R2	子	39	10	39	10	40	11	41	12	43	13	44	14
2021	R3	丑	45	16	44	15	45	16	46	17	48	18	49	19
2022	R4	寅	50	21	49	20	50	21	51	22	53	23	54	24
2023	R5	卯	55	26	54	25	55	26	56	27	58	28	59	29
2024	R6	辰	0	31	0	31	1	32	2	33	4	34	5	35

NEW MOON

新月
プロフィール

あなたの性格に迫るとともに、
2024年の運気や開運色、
相性などもお伝えします。

New Moon
Profile

LIGHT

- □ 想像力と芸術的感覚に優れている
- □ 神経がこまやかで、思慮深い
- □ ポジティブに見えてとても繊細
- □ 優しく異性からも人気

決断する月、努力が報われる月、吉凶混ざり引きが強い月にこの傾向が表れます

新月の光と影

各天星タイプには、もともともっている性質があります。普段、表に出ているのが「光」の性質です。ただ、運気バイオリズムが崩れると「影」の性質が出てきます。

SHADOW

- □ 正解がわからず、言動がブレやすい
- □ 人を信じられずネガティブになる
- □ 迷うあまり、自分がわからなくなりマイナス思考に
- □ 人と自分を比較して落ち込みがち

運気が低迷する月、八方塞がりになりやすい月、リセットの月にこの傾向が表れます

運気バイオリズム（P.034）が☀（光）と☁（影）のときに、上記のような性質がそれぞれ出てきます。

新月

想像力が豊かな寂しがり屋

基本性格

想像力が豊かでクリエイティブな発想に優れています。芸術的センスも抜群。本心を隠す傾向があり、警戒心が強い反面、本質は寂しがり屋です。心を許せる相手には本当の自分をさらけ出すことができます。自分の信念をもち、知識や能力を高めることに集中するといい方向にいくでしょう。

新月のトリセツ

⬆好きなこと・喜ぶこと

- マメな連絡、情報の共有
- 記念日を大切にすること
- 真剣な話し合い
- 気にかけてくれる人
- 好きなものを写真に収める
- 自分の考えに寄り添う人

⬇嫌がること・ストレスになること

- いい加減な態度
- 既読スルー
- 苦しみを分かち合えない
- 場を乱す人
- SOSを見過ごされる
- ひとりぼっちにされる

2024年の開運のカギ

やるといいこと	感動体験やワクワクすることをしてみる
気をつけるべきこと	自信をなくさない

2024年の開運相性

恋愛運を上げる天星
新月 × **深夜**

仕事運をのばす天星
新月 × **夕焼け**

金運をのばす天星
新月 × **朝日**

基本の開運色
銀色

2024年の開運色
エメラルドグリーン

2024年の開運アイテム
ピンキーリング

2024年の開運スポット
星空がキレイな場所

天星タイプ別 基本の相性

新月 × 満月 ★★★★☆	新月 × 大陸 ★★★☆☆
新月 × 上弦の月 ★★★★☆	新月 × 海 ★★★★☆
新月 × 下弦の月 ★★☆☆☆	新月 × 朝日 ★★★★★
新月 × 新月 ★☆☆☆☆	新月 × 真昼 ★★★★☆
新月 × 空 ★★★★☆	新月 × 夕焼け ★☆☆☆☆
新月 × 山脈 ★★☆☆☆	新月 × 深夜 ★★★★☆

天星ナンバー
14

ビビりゆえに誰にでも優しい温和な人

警戒心が強く、怖がりな分、人の気持ちを察するのに長けています。温和な性格で、しっかり考えてから動くタイプ。また、周りに合わせて動くことができます。どんなときも人の意見に耳を傾ける余裕を忘れないようにしましょう。

こんな星が入ってる

- ★ 筋トレの星
- ★ センチメンタルの星
- ★ マイブームが変わりやすい星

天星ナンバー
20

頑固でナイーブなタイプ

想像力が豊かで、自分の世界をもち、慎重ですが、いいと思えば突っ走る面もあり。相手をじっくり観察し、敵・味方を分けていきます。意地っぱりですが、実は周りに流されやすく、ルーティンをつくることで安定。

こんな星が入ってる

- ★ 敵に回すと怖い星
- ★ 慎重派の星
- ★ ルーティンがある星

天星ナンバー
23

負けず嫌いな寂しがり屋さん

新月らしい、アンニュイでミステリアスな魅力の持ち主。感覚的な分析が得意。何事もそつなくこなすように見えて、打たれ弱く執着度は高めです。冷静さをもっていますが、裏切りには敏感で実は怖がりな人。周りの評価を求め、ほめられると安定。

こんな星が入ってる

- ★ 調査の星
- ★ 実はかまってちゃんの星
- ★ 計算高い星

CHARACTER

天星ナンバー別の性格

天星ナンバー

26

我が道をゆくアーティスティックなタイプ

自分が決めたことには全力投球。執着心も強め。独自の世界観があり、常に新しいものを追い求める一方、面倒なことが苦手で突然爆発します。人から見ると言動がブレていると思われがち。無意識に周りに気を遣わせやすいところも。アートな世界で成功します。

こんな星が入ってる

- ★ 言動がブレやすい星
- ★ 強がりの星
- ★ アーティスティックの星

天星ナンバー

29

洞察力と観察力に長けた天才肌

他人からは理解されにくい天才肌な気分屋さん。好奇心旺盛ですが怖がりで、鋭い観察眼と洞察力で人を吟味します。物腰は穏やかですが、ずる賢く強気な面もあり、本当の自分を探し、愛を求めています。常に変化していくタイプ。

こんな星が入ってる

- ★ 変人の星
- ★ 恋愛体質の星
- ★ 根がビビリの星

天星ナンバー

36

マイペースなクリエイター気質

個性的で面倒くさがり。寂しがり屋ですがベタベタされるのは苦手。自分のペースでいたい人。1人も好きで、束縛を嫌います。自分でも自分のことを理解しきれず、感情が顔に出やすい面も。新月らしさは一番うすく、実は単純で現実的な人。

こんな星が入ってる

- ★ ベタベタは嫌！ の星
- ★ 風変わりの星
- ★ マイペースの星

NEW MOON

YEARLY FORTUNE

2024年
新月の運勢

THEME

“経済的に恵まれ
信用がアップする年”

総合運

TOTAL

2024年は引きが強いために吉凶が混ざるものの、自信をもって前に進むことで運が開けていきます。仕事もプライベートも、夢や希望の実現に向けて最善を尽くしてみましょう。新しく始めることよりも、継続的に努力をしてきた物事で、期待する成果を手にできそうです。やるべきことを具体的に行動で表して積極的に実現していきましょう。いい未来を思い描きながら年内に土台固めをすれば、効率よく目標を達成できる年になるでしょう。

恋愛運

LOVE

充実した恋愛ができる年。遠ざかる縁もありますが、結果的によかったと思えそう。気になる人ができたなら積極的にアプローチを。パートナーがいる場合は気持ちを固めるのもよいでしょう。ただし、恋愛だけに力を注ぐのは要注意。仕事など恋愛以外のことにもしっかり取り組み、依存しすぎないこと。

仕事運＆金運

WORK & MONEY

運気にのって貪欲に結果を出したいときです。ただし、独走しすぎると周囲との関係にヒビが入ることもあるので、孤立するほどには突き進まないように。自分からコミュニケーションを図れば、安定的な状況を作ることができるでしょう。金運は、評価にともなう昇給や昇進にツキがありそうです。

2024年の運気バイオリズム

決断する月
- 直感に従う
- 人生が変わる
- 軸を定める

メンテナンスの月
- 体調管理を第一に
- メンタルダウンに注意
- 癒しを大切にする

努力が報われる月
- 変化がある
- 力を発揮できる
- 夢が膨らむ

誘惑が多い月
- 調子にのりがち
- 足腰を温める
- 決断はNG

再挑戦できる月
- 縁ある人と再会
- チャンス到来
- 経験を活かせるとき

吉凶混ざり引きが強い月
- 自信をもって行動
- プチセレブ感
- 注目が集まる

振り返ってみる月
- 楽しんでみる
- 穏やかな雰囲気
- 最後の決断

2023年　2024年

秋　冬　春

☀（光）と☁（影）のときは、
P.027のような性質が
それぞれ出てきます。

運気が低迷する月
・健康面に影が
・頑固はNG
・流れに身を委ねる

八方塞がりになりやすい月
・謙虚さを大事に
・決めつけない
・じっくり煮詰める

リセットの月
・判断ミス
・縁が切れる
・爆発しやすい

新スタートの月
・新発見
・チャレンジする
・直感が戻る

物事を見直す月
・体調を崩しやすい
・準備の時期
・少し休憩

決断する月
・直感に従う
・人生が変わる
・軸を定める

メンテナンスの月
・体調管理を第一に
・メンタルダウンに注意
・癒しを大切にする

夏　秋　冬

赤（偶数年生まれ）

RED

14　20

自分にとっての真価や、幸せに気づける年。過去に一度諦めたことでも、反省を活かして再チャレンジすれば、大きな実をつけそうです。また、懐かしい人との縁が深まり、救われることも多いでしょう。紹介運・対人運も高まり、いい縁につながることも。

決断運	★★★★☆
人間関係	★★★★★
健康運	★★★☆☆
金運	★★★★☆

＼あなただけの／
光の月 2月、5月／**影の月 7月、8月**

23　26　29

心身ともに穏やかに過ごせる年。前半ほど運気がよく、ゆっくりと環境や流れが変わっていく予感。早いうちから自分を見直して、足りない力を強化したり、気がかりなことを解決して備えましょう。節約や貯金を心がけると安心です。

決断運	★★★☆☆
人間関係	★★★☆☆
健康運	★★☆☆☆
金運	★★★★☆

＼あなただけの／
光の月 3月、12月／**影の月 5月、6月**

36

ケガや車に気をつけ安全第一にしたい年。流れに身を任せ、強気な行動は避けた方がよさそうです。不安を感じるなら、周囲の助言に耳を傾け、謙虚な姿勢を心がけるように。勉強を始めるなど、将来のための種を蒔くのにもいい運気です。

決断運	☆☆☆☆☆
人間関係	★★★☆☆
健康運	☆☆☆☆☆
金運	★★★☆☆

＼あなただけの／
光の月 1月、10月／**影の月 3月、4月**

天星ナンバー別の運気

白（奇数年生まれ）

WHITE

14 20

気持ちが緩み、迷いが生じやすい年。人からの誘いも増え、自分に自信をもてる一方で、あれもこれもと気移りし、何を選んでいいかわからなくなるかもしれません。調子にのりすぎず、現状維持を心がければ、豊かな実りにつながります。

決断運	★★☆☆☆
人間関係	★★☆☆☆
健康運	★★☆☆☆
金運	★★★☆☆

＼あなただけの／
光の月 3月、6月／**影の月 8月、9月**

23 26 29

2024年は絶好調！ やりたいことを絞るほど、引きの強さを発揮できるときです。自信をもって動くことで信用度もアップし、経済的にも恵まれるなど、余裕も生まれるでしょう。より高い目標を設定し、ランクアップをめざしてみて。

決断運	★★★★★
人間関係	★★★☆☆
健康運	★☆☆☆☆
金運	★★★★★

＼あなただけの／
光の月 1月、4月／**影の月 6月、7月**

36

吉凶混ざる年。思いがけない出来事に阻まれるなど、モヤがかかりそう。人間関係も注意が必要ですが、見返りを求めず、奉仕の気持ちをもって接することでトラブルを回避できるでしょう。焦らず、現状維持を心がけて。こまめに気分転換を。

決断運	★☆☆☆☆
人間関係	☆☆☆☆☆
健康運	★☆☆☆☆
金運	★★☆☆☆

＼あなただけの／
光の月 2月、11月／**影の月 4月、5月**

2023 11 November 決断する月

今月の開運メッセージ

めざす場所を見据えて、勝負をかけたい時期です。流れを待つのではなく、自分から流れを作る意識で具体的な行動を起こしてみましょう。「自分には無理かも」というネガティブな思い込みは捨て、思い切って一歩踏み出してみて。挑戦することで、周りの人も、自分自身も勇気づけられるはず。大きな夢や目標を描くほど、それが前に進む原動力になるでしょう。

今月の開運行動

1. 強い意志をもって
ここぞというときには勝負

2. 周囲に目を向け
人に喜んでもらえることをする

3. 今まで築いてきた
つながりを大切にする

天星ナンバー別
今月のお言葉

あなたの天星ナンバーをチェック!

RED　WHITE

赤（偶数年生まれ）	天星ナンバー	白（奇数年生まれ）
考えすぎず、自信をもって過ごしたい月。自分を信じてください。結果を急ぐより、1日1つでも小さな挑戦をすると成功の種に。出会い運もあり！	14 20	自分にとっての幸せや喜び、成功のイメージを具体的に思い描くと新たな発見があるかも。難しく考えず思い立ったらまずは行動を。
疲れたらひと休みし、一度生活習慣を見直して。あなたにとっての幸せを第一に考えよう。バスタイムや良質の睡眠で癒しを。	23 26 29	諦めず、もう一度スタートを。粘り強く取り組めば光が見えてきます。かつて失敗したことも今なら叶えられるはず。自分を信じて。
誘惑にのらず流されないようにしたい月。おいしい話は聞くだけで自分で判断しないこと。ストレスから太りやすい月となります。目・耳にも注意。	36	頑張りが評価され、一気に注目を浴びそう。この機会に好きなことや楽しいことを増やしましょう。自信をもって行動してみて。

2023 12 December メンテナンスの月

今月の開運メッセージ

無理をせず、体とメンタルのケアを大切にしたいとき。いつもの調子が出ず、疲れが溜まりやすいタイミングなので、予定を詰め込みすぎずに、意識して休む時間を確保しましょう。悪いところはしっかり治して、エネルギーチャージしておくと、2024年の好調運にスタートダッシュをかけられるはず。旬のものを食べるなど、季節感を大切にすると、開運につながります。

今月の開運行動

1. 食事はひと口ずつ感謝してゆっくり食べる
2. 手軽にできるストレッチやエクササイズ
3. 何事もしっかりと予定を立ててから行動する

天星ナンバー別
今月のお言葉

あなたの
天星ナンバー
をチェック!

RED

WHITE

赤（偶数年生まれ）	天星ナンバー	白（奇数年生まれ）
集中力が高まる年末は、勉強を始めるのにぴったりの時期。ダイエットや習い事を始めるのにも最適なので、目標を立ててみて。	14 20	寒さで体がこわばっているかも。肩や腰のストレッチをして体をほぐしましょう。出会い運もあるので、交流の場を広げてみて。
新しい物事を始めてみると、思った以上の力を発揮できそう。以前諦めたことも今なら叶うかも。頑張った自分にご褒美を。家族との時間を大切に。	23 26 29	暴飲暴食に気をつけて。ゆっくり噛んで食べる、ストレッチをするなどしてメンテナンスに集中を。新年に好スタートを切れるよう体力は温存して。
オン・オフのメリハリをつけ、家族と楽しい時間を過ごすと運気がアップ。過去に縁があった人に助けられることも。幸せは必ず見つけられます。	36	今月のあなたのテーマはテキパキ。大掃除は早めに取りかかり、体のケアもしっかりと。今ある幸せを見失わないように。大切な人には感謝を伝えて。

2024 1 January 努力が報われる月

今月の開運メッセージ

何事も前向きに取り組みたい月。天から応援されるときなので、興味が湧いたものを学び始めたり、大きな挑戦をするなど、思い立ったら迷わず、動いてみましょう。夢や希望を口にすることで、あなた自身の中からパワーがあふれてくるはず。出会い運もあるとき。自然体を意識して振るまっていれば、これからの人生に変化をもたらすような出来事が起こるかも。

今月の開運行動

1. 初めて会う人とも
積極的に交流してみる
2. 挨拶やお礼は
笑顔で丁寧に伝える
3. 湯船にゆっくり浸かって温まる

天星ナンバー別
今月のお言葉

あなたの
天星ナンバー
をチェック!

RED

赤（偶数年生まれ）

14 20

時間と心の余裕が今月のテーマ。新年は好きな人とゆったり過ごして。アロマなど優しい香りも吉。ケガをしやすいので落ち着いて行動を。

23 26 29

おだてにのりやすいとき。判断力が鈍ってくるので、何事も一旦落ち着いて考えて。目の前のことに集中していれば、いい波にのれるはず。

36

自分の意思とは裏腹に、突然よい出来事が舞い込む月。背伸びせず、自信をもってあなたらしさを大切に。やりたかったことに挑戦すると成功へ。

白（奇数年生まれ）

14 20

プライベートの充実がツキを呼び込むエッセンスに。やりたいことを書き出してみて。内面磨きに力を入れると魅力がアップします。

23 26 29

いい変化を感じられる月。ワンランク上の自分をめざして新しい趣味や習い事をスタート。日常品は少し贅沢なものを意識してみましょう。

36

あなたを救ってくれる人や必要な人が集まるとき。メールの返信は早めに。「ご飯行きましょう」という社交辞令はなし。心をこめた対応が吉。

2024 2 February 誘惑が多い月

今月の開運メッセージ

今月は気持ちが緩みやすい時期です。仕事でもプライベートでも詰めが甘くなりやすいので、最後まで気を抜かないように心がけましょう。大事な場面で忘れ物をしたり、集中力が切れてしまったりすることもありそうなので、ゆとりのある予定にしておくこと。また、間違った判断をする可能性があるので、将来に関わるような大きな決断は控えた方がいいでしょう。

今月の開運行動

1. 頑張った自分を素直に労る
2. カバンや財布の中身などの整理整頓を心がける
3. 好きなファッションを楽しむ

天星ナンバー別
今月のお言葉

あなたの
天星ナンバー
をチェック!

RED

赤（偶数年生まれ）

白（奇数年生まれ）

14・20

赤：あなたのエネルギーが高まる月。良縁も集まるので、誘いには積極的にのってみて。無理かなと思う夢や目標も今のあなたならできるはず。

白：今月のあなたのリズムは、前半に体調を整え、食事も睡眠もしっかりとって充電期間に。後半は感情的にならず冷静に。

23・26・29

赤：言霊《ことだま》を感じられるとき。叶えたいことを口にするほど、本来の力が出てきます。これまでの経験も活きてくるので、自分を信じて行動を。

白：いろいろなものに目移りしやすい月。あなたが一番夢中になれそうなものに的をしぼってみて。知らないことは臆せず人に聞くと成長できます。

36

赤：穏やかな日々を楽しみたい時期。休日は時間をかけて料理したり、掃除をしたりと、“余裕”と“ゆとり”をテーマに、のんびり過ごして充電を。

白：周りからの注目が集まる時期。視野を広げて、新たなジャンルに足を踏み入れてみると意外な才能が見つかりそう。知識や品格を磨く分野が◎。

2024 3 March 再挑戦できる月

今月の開運メッセージ

今月は、運気が好転するタイミング。いい流れにのるためにも、半年後、または1年後など、少しだけ先の未来を思い描いてみましょう。少し高めの目標を設定することで、より大きなチャンスをつかめそうです。キャリアアップにつながる勉強など、自分磨きに積極的に取り組むことも開運に。人から成功へのヒントを教えてもらう機会にも恵まれそうです。

今月の開運行動

1. 夢を叶えるための方法を具体的に書き出してみる
2. 神社やお寺にお参り
3. 玄関を掃いて、清め、心身ともにキレイにする

天星ナンバー別 今月のお言葉

あなたの天星ナンバーをチェック!

RED WHITE

天星ナンバー	赤（偶数年生まれ）	白（奇数年生まれ）
14・20	他に目移りしても、それは一時的なもの。目の前のものや人に集中することが幸運のカギに。足腰を温めることで、ケガや不調も回避。	あなたを高めてくれる人との縁に恵まれ、夢が膨らみそう。今までの努力が報われます。頑張ったご褒美はいつもより贅沢に。自分に投資も◎。
23・26・29	ワンランク上のあなたになれる月。金運も高まるのでレベルアップのための自己投資を。一流の人や文化に触れ、経験値を上げると開運に。	将来にかかわるキーパーソンとの出会いの可能性が。自分を信じて動いてみることでチャンスが舞い込みます。困ったときは経験を活かして。
36	物事がうまくいかないのは、心や頭が固まっているせい。思い込みを捨てて、流れに身を任せましょう。目の前にいる人を大切に。	耳の不調やしびれ、肩こりなど体に気をつけたい月。体を冷やさないように温かいものをとり、自律神経を整えてみて。自分を癒す時間を大切に。

2024 4 April 吉凶混ざり引きが強い月

今月の開運メッセージ

いい運気の後押しがあるので、自信がないことでも積極的に向き合ってみてください。思い切って取り組むことでさらに運を引き寄せて、期待する方向へ進めるはずです。資格の勉強やトレーニングなど自分磨きもどんどん始めていきましょう。どんなに好調でも、謙虚な姿勢を忘れなければ、あなたの評価はさらに上がっていきます。

今月の開運行動

1. 感謝の気持ちをきちんと表すようにする
2. 頑張っている自分を認めてご褒美をあげる
3. 周囲のお手本になるような行動や言葉遣いを心がける

天星ナンバー別 今月のお言葉

あなたの天星ナンバーをチェック!

RED

WHITE

赤（偶数年生まれ）

白（奇数年生まれ）

14 20

赤：リベンジのパワーが増す月。心残りがあったことも今ならやり直せます。過去に縁があった人の中から未来のパートナーが現れることも。

白：一目惚れや酔った勢いなどで、思わぬ出来事が入りやすい月。気を引き締めて行動を。迷ったときは何もしない選択が吉。

23 26 29

赤：心身ともに安定した月。大好きな人と会ったり、時間をかけて料理をするなど豊かな時間の過ごし方を意識してみて。月末は体調管理を。

白：キャリアアップのチャンス到来。自分を磨くものには惜しみなく投資して。金運も高まるので大きな買い物も吉。幸せは周りの人と共有を。

36

赤：気持ちが暴走しやすい月。なるべく自分をコントロールして些細なことは気にしないように。決断は先のばしにし、様子を見た方がよさそう。

白：勉強、学び、努力。まだまだあなたはよいエネルギーを吸収できます。やりたかったことやできなかったことを書き出してみて。

2024 5 May 振り返ってみる月

今月の開運メッセージ

今月は、周囲から注目されることが増えそうです。そのため、メイクや髪型、ファッションなどの身だしなみには、いつも以上に気を配りましょう。TPOをわきまえた服装を心がけることも大切ですが、それ以前に自分自身の美しさを磨いておくことも大事です。外見だけでなく内面にも目を向けてみて。ラッキーカラーの小物などを持ち歩くのも開運のコツです。

今月の開運行動

1. なりたい自分やポジティブな思いを書き出すようにする
2. 気の置けない仲間と楽しい時間を過ごす
3. 人の話をよく聞き人に寄りそってみる

天星ナンバー別
今月のお言葉

あなたの天星ナンバーをチェック!

RED　WHITE

赤（偶数年生まれ）	天星ナンバー	白（奇数年生まれ）
運気は絶好調。あなたらしさを大切にすることで成功のチャンスをつかめます。幸運はひとり占めせず、周りに感謝を。自己投資もおすすめ。	14・20	交流運が高まる月。あなたに必要な情報や喜びも人を介してもたらされる暗示。厳しいアドバイスにも聞く耳をもってみて。
流れが変わるとき。予想外の出来事があっても、優しい言葉遣いや見返りを求めない行動があなたを救います。朝の光を浴びると運も安定。	23・26・29	ワクワク度が上がる月。好きなことや人に囲まれて過ごせそう。あなたの個性を活かしたファッションやメイクが運気アップにつながります。
悪習慣から抜け出すチャンス。本当に大切なもの以外は手放し、心もお部屋もキレイにスッキリさせることが開運に。	36	今月は自分よりも人を優先した方がいい月。言葉には気をつけて行動を。判断力は低め。大きな買い物は控えて。

2024 6 June 運気が低迷する月

今月の開運メッセージ

頑固にならず、いろいろな人の考えを受け入れることが、今月を安定的に過ごすカギに。心身ともに疲れを感じたり、うまくいかないことがあるかもしれませんが、ジタバタしなくて大丈夫。ネガティブ思考になりやすい時期だからこそ、楽しいことに目を向け、明るい言葉を口にしてみることも大切です。休日は気持ちを落ち着かせる時間に。

今月の開運行動

1. 無理に頑張ろうとせず
ときには流れに身を任せてみる

2. 何をするでもない
1人の時間を作ってみる

3. お守りとなるアイテムを
持ち歩く

天星ナンバー別 今月のお言葉

あなたの天星ナンバーをチェック!

RED

天星ナンバー	赤（偶数年生まれ）	白（奇数年生まれ）
14・20	何事も楽しんで取り組むことでツキが舞い込むとき。日常のワクワクを集めてみましょう。上旬ほど快調なので、大事なことには早めに着手を。	ピンチをチャンスに変えられる好調月。多少の波は気にせず、自信をもって進みましょう。大きな決断や転職、仕事で使うものを一新するのも◎。
23・26・29	奉仕の心がテーマの月。周囲に感謝し笑顔を心がけると、マイナスの気持ちも消えるはず。落ち込んだら、日記に未来の自分を書いてみて。	心や体の変化に気を配りたい時期。自分を癒すことを優先して、笑顔になれることをして過ごしましょう。デジタルデトックスもいい効果が。
36	運気はゆっくり回復。過去の自分を捨て去りスタートを。出会いも多く入ってきます。人を見る目を養い、うまい話は警戒するとトラブルを回避。	今月のあなたは周りに振り回されたりして、思い通りにいきにくい時期です。1人で抱え込まず、人を頼り、癒しの時間を大切に。

2024 7 July 八方塞がりになりやすい月

今月の開運メッセージ

一歩一歩、ゆっくりと前進するべき月です。普段なら高い目標にも自分を奮い立たせて頑張れますが、今月は無理をしないで。今の自分は何ならできるのか、キャパシティーを考え動きましょう。小さなゴールをコツコツと、着実にクリアしていくことが大切です。ストレスを感じる人間関係は遠ざけて、自分の気持ちを優先した穏やかな日々を過ごして。

今月の開運行動

1. 1日1回は自分をほめて労う
2. 気持ちを緩ませ リラックスタイムを大切にする
3. 聞き上手になってほかの人の 意見を引き出してみる

天星ナンバー別
今月のお言葉

あなたの天星ナンバーをチェック!

RED WHITE

赤（偶数年生まれ） / 白（奇数年生まれ）

14 / 20

赤：流れが変わる月。うまく流れにのるには、視野を広げ、頭を柔らかくすること。太りやすくなる運気なので、適度に運動し暴飲暴食は避けて。

白：穏やかな日々が続き、ほっと一息つけそう。今までの疲れから後半はペースダウンするので、無理せず心身を労りましょう。

23 / 26 / 29

赤：自分の扉を開く月。これまでとあなたの波長が変わってくるときなので、合わなくなったものは手放して。悪習慣を断ち切ると、良縁も。

白：今の自分は何ができるかを考えたい時期。メンタルが弱っているなら、ひとつずつで大丈夫。こだわりを捨てると心がラクになるはず。

36

赤：来月からの運気上昇に備えるウォーミングアップの時期。生活習慣を見直し、運動や食生活にいい変化を取り入れると吉。

白：運気はゆっくりと上昇へ。目先の利益ばかり追いかけずに、今はじっくりと進むべき。メイクや服装はナチュラルを意識してみましょう。

2024 8 August リセットの月

今月の開運メッセージ

今月は、苦手なことを乗り越えられる時期です。何事も行動する前からできないと諦めるのではなく、自分ならできると少しでも思って取り組むと克服できるでしょう。不得意なことや弱点に打ち勝つ努力の経験も、あなたの成長を後押しするはずです。また、その方面が得意な人にアドバイスを受けるのも◎。新しい視点をもつことができ、一層、学びが深まりそうです。

今月の開運行動

1. これまで避けてきたことにあえて向き合ってみる
2. 音楽や映画鑑賞で感性を刺激する
3. 部屋を片付けて、不要なものや使っていないものを手放す

天星ナンバー別 今月のお言葉

あなたの
天星ナンバー
をチェック!

RED　WHITE

赤（偶数年生まれ）　**白**（奇数年生まれ）

14　20

赤：苦手なことにぶつかったら克服のチャンス。新しいことに挑むより、今の自分を強固にすることをめざしましょう。健康管理が吉を導きます。

白：空回りしやすい月。メモを取る、念入りに確認する、前に出ず人の話をよく聞くといった控えめな態度でケアレスミスを防止して。

23　26　29

赤：好きなものが増える予感。未知のジャンルにもまっさらな心で触れてみると、新たな世界が広がります。引っ越しや部屋の模様替えも◎。

白：今のあなたに必要な出来事が起こりそう。どんなことも逃げずに向き合えば、ひとまわり成長できるはず。困ったときは周囲の人に相談を。

36

赤：人生に関わる変化が起こる予感。未来を見据えて行動を。嘘やごまかしをせず、意見をはっきり伝えて。心を許せる人たちと素敵な時間を共有しよう。

白：ささいな約束でも守ることを意識し、信頼を大切に。お誘いもふえてきますが、うまい話には気をつけて。なるべく時間を無駄にしないように。

2024 9 September 新スタートの月

今月の開運メッセージ

運気がゆっくりと上昇するタイミング。追い風がやって来るので、今月はその風にのって変化を恐れずに行動してみてください。新しい出会いの場にもできるだけ参加し、人とのつながりを作っていきましょう。最初は小さくても、うれしい変化がもたらされそうです。また、人を助けることが回り回って自分の力にもなるので、周囲に対してポジティブな行動を心がけて。

今月の開運行動

1. 友達からの誘いには積極的にのってみる
2. 自分から挨拶するなど新たにできた縁を大切にする
3. ジャンルにこだわらず世の中の情報に敏感になる

天星ナンバー別
今月のお言葉

あなたの
天星ナンバー
をチェック!

	RED 赤（偶数年生まれ）	WHITE 白（奇数年生まれ）
14 20	運気が切り替わる月。今のあなたの波長に合わなくなったものは、ここで手放すのが正解です。家族や大切な人に愛情を示すと、よい結果に。	じっくり煮詰める準備の時期。自分より周囲を優先するイメージで過ごしましょう。冷えを感じやすいので、温かい食べ物を選んで。
23 26 29	継続がテーマの月。成長が感じられなくても、今続けていることは未来に花咲く可能性があります。人脈を広げる努力が、この先の良縁に。	やりたいことが新たに出てきそうな時期。最新の話題に敏感になるとツキがひらけます。さまざまな変化を恐れず、楽しんでみましょう。
36	今月のあなたは、心にも体にも疲れが目立ちます。ストレスはこまめに解消を。与えられた仕事やタスクは、後回しにせず早めに対応。無理は禁物。	方向性や目標を定めるなら今月のうちに。近い未来のことを考えて具体的なステップアップをめざそう。小さな努力の積み重ねが大きなエネルギーに。

2024 10 October 物事を見直す月

今月の開運メッセージ

今月は、素直になるといい月です。問題や悩みが生じた場合は、意固地にならず周りに相談することが解決の近道。1人ではできないことがあると割り切ってみると、気持ちも和らいでくるでしょう。また、体調面も無理をしないことが大事。疲れを感じる前にこまめに休憩をとり、好きな場所に行ってリフレッシュするなど日常を大切にしましょう。

今月の開運行動

1. 何事も立ち止まって考え
ときには人を頼ってみる
2. バランスのよい食事や
早寝早起きで、体に気を配る
3. ストレッチやウォーキングなど
軽い運動を取り入れてみる

天星ナンバー別 今月のお言葉

あなたの天星ナンバーをチェック!

RED

赤（偶数年生まれ）／白（奇数年生まれ）

14・20

赤：環境の変化が新たな未来を導くので、引っ越しや転職にもよい月。初めてのことに積極的に挑むほど可能性が広がります。

白：壊れかけたもの、ウマが合わない人など、波長の合わない縁を手放すとき。大切なものや人を選ぶ意識でリセットしてみて。

23・26・29

赤：人生を変えるチャンスをつかめるとき。告白やダイエットなど、自分の意思を固めることで未来が変わってきます。整理整頓も開運のカギ。

白：ゆっくり前進がテーマの月。うまくいかないときは立ち止まって、周りを見ることも大切です。メイクや服装はナチュラルを意識して。

36

赤：注目運が高まり、強い引き寄せパワーを得る月。本気で取り組めば大きな飛躍となります。誠実さ、謙虚さを忘れずに。開運のコツは奉仕の心。

白：しっかりやっているつもりでも、実は適当になりがちなので何事も詰め込みすぎないように。のどのケアを大切に。笑顔が幸運を呼ぶカギ。

2024 11 November 決断する月

今月の開運メッセージ

調子が上がってくる時期。運気が上向いているタイミングなので、直感に従って行動し、何事も根気強く取り組んでみましょう。答えを出せる時期でもあるので、物事をうやむやにしない意識をもって。また、身の回りの整理をすることでさらに運が開けます。部屋やデスク周りを片付ければ、頭の中もスッキリしそうです。

今月の開運行動

1. 自分自身と
きちんと向き合ってみる

2. ネガティブな感情が出てきたら
ひとまず深呼吸する

3. 幸せを周りにおすそわけする
気持ちを大切にする

天星ナンバー別
今月のお言葉

あなたの
天星ナンバー
をチェック！

RED　WHITE

天星ナンバー	赤（偶数年生まれ）	白（奇数年生まれ）
14・20	蒔いた種を育てるとき。失敗は成功の種になるので、あきらめず一歩ずつ前進を。新しい出会いもあるので、誘いには思い切って参加して。	気持ちを新たに前に進むといい月。心はいつでも自由です。形にとらわれず、直感や好奇心も大切に。変化がツキを呼び込みます。
23・26・29	ペースダウンが必要な月。ストレスを感じたら、お気に入りの香りや音楽に包まれてみて。ケガをしやすいので、落ち着いて行動を。	幸せや喜びを実感するシーンが増えそう。ネガティブな感情は捨てて、「いい」「悪い」をはっきりさせることで運気アップ。
36	感謝を忘れずに伝えたい月。「ありがとう」の言葉をたくさん使ってみて。1人で立ち向かわず、周囲とも協力を。よい出会いもありそうな予感。	天からの光があなたを包みます。自分のペースで苦手なことも楽しんで取り組んで。アロマなど優しい香りに身を包むと開運に。

2024 12 December メンテナンスの月

今月の開運メッセージ

やる気が空回りして、心身ともに疲れが出そうです。今月は勢いで行動するよりも、守りの姿勢を大切にしましょう。体調管理を第一にして、健康に気を配った生活を心がけてください。夜はしっかりと睡眠をとる、バランスのよい食事を摂るなど、日常の些細なことから整えて。生活の基本的なことに気をつけると、忙しい師走もラクに過ごせるはずです。

今月の開運行動

1. 気になったことは放置しないで素早く対処する
2. 早起きして朝活をしてみる
3. 旬の食材を使った食事を意識してみる

天星ナンバー別 今月のお言葉

あなたの天星ナンバーをチェック！

RED

赤（偶数年生まれ）

白（奇数年生まれ）

14 / 20

赤：こうなりたい！　と決めたら実行あるのみ。チャンスをつかめる月なので、意思表示ははっきりと。ダイエットや告白もトライして吉。

白：自分が成長しているか、そのための課題をもっているか振り返ってみて。あなたにはまだまだ可能性があります。自分を信じること。

23 / 26 / 29

赤：運が味方になる月。夢が膨らみ、実行に移すチャンスも到来します。高望みでもダメだと決めつけず行動を。年末は周囲の人に感謝を伝えて。

白：やる気はあっても体がついていかないときは、これまでサボっていたことにじっくり取り組んでみるとよさそう。大事な決断は来月がベター。

36

赤：意欲が増し、やりたいことが増えていく暗示。ハマる何かにも出会えそう。思い切った行動をとると運が開けます。自分の可能性を閉ざさないで。

白：今月は家族や仲間への感謝を忘れないで。お世話になった人にはささやかなプレゼントを贈る＆自分にも購入で運気アップ。

NEW MOON

2024年
日々の
開運メッセージ

Daily Fortune Message

先々を見通してみたり
その日がどんな日なのか調べてみたり
日々の過ごし方や考え方の
参考にしてみてくださいね。

運気キーワード

KEYWORD

《 吉凶日 》

天赦日

「天が赦す日」と書くように、神様がすべての罪を赦し、障害が取り除かれる日とされています。一粒万倍日より数が少ない大吉日。結納や婚姻届の提出など、結婚にまつわることを行うのによく、新しいことを始めるのにもいい日です。

一粒万倍日

「一粒の種子が万倍にもなって実る」という意味をもち、何かを始めるのにいい日とされています。財布の新調にも最適。ただし、人からお金やものを借りると、万倍に膨らみ凶となるため注意してください。

不成就日

要注意日。何事も成就しない、悪い結果を招いてしまう日とされています。結婚、開店、起業など、新しいことを始めるのは避けた方がいい日です。

『吉日と不成就日が重なる場合には、あまり新しい行動を起こさない方がベター。』

《 月の満ち欠け 》

● 新月

新しいスタートを切るのにいいとき。新しいものを買うのにもいい日とされています。

◐ 上弦

新月から満月へと満ちていくとき。判断力や決断力が高まっているときで、積極的な行動を起こすのに適した日とされています。

◑ 下弦

満月から新月へと欠けていくとき。物事をリセットしたり、デトックスしたり、感情のリセットなどにも向く日とされています。

● 満月

不要なものを手放すのにいい日とされています。

PHASES OF THE MOON

2023 11 November

決断する月

毎日の運気をチェック!

DATE

1	Wed.		過去の同じ状況を思い出すといい判断ができるはず。
2	Thu.		相手のペースに合わせるとイライラせずに済みそう。
3	Fri.		相手を喜ばせるには、自分から積極的に動いてみて。
4	Sat.		変に駆け引きするよりも、素直な気持ちで交流を。
5	Sun.		再挑戦がカギ。結果をはっきりさせれば次に進めそう。
6	Mon.		欲しかったものが意外な形で手に入る予感。
7	Tue.		好きな人に素直に甘えると、関係が進展するかも。
8	Wed.	不成就日	妥協は厳禁。納得できるものだけ受け入れて。
9	Thu.		将来像に向けて成長できているか、確認してみよう。
10	Fri.		柔軟さが大切。過去は過去と割り切って進もう。
11 一の酉	Sat.	一粒万倍日	すでに知り合っている人とのご縁が深まる日。
12	Sun.	一粒万倍日	季節の変わり目で体調を崩しそう。家で過ごして。
13	Mon.		今年学んだことを振り返り将来の計画を立てよう。
14	Tue.		生活習慣を見直すと、年末まで元気に過ごせそう。
15	Wed.		自分から動くと、欲しいものがすぐ手に入るかも。

16	Thu.	不成就日	自分勝手に振る舞いがち。人の話に耳を傾けて。
17	Fri.		家族や友達との会話は食事をしながらがベター。
18	Sat.		年末年始の計画を立てて、早めに予約を入れよう。
19	Sun.		家族やパートナーには愛情や感謝を素直に伝えて。
20	Mon.		欲深くなりそう。買い物に出るのは控えた方が無難。
21	Tue.		怠け者に腹が立つかも。目の前のことに集中して。
22	Wed.		我慢していることを伝えると、理解を得られそう。
23	Thu. 二の酉	一粒万倍日	人の意見は参考程度に。悩むよりまずは動いてみて。
24	Fri.	一粒万倍日 不成就日	なじみの場所に寄ると、気が合う人との出会いが!
25	Sat.		今月を振り返り、手つかずのことはすぐ始めよう。
26	Sun.		今すぐできないことは週明けに再挑戦してみて。
27	Mon.		やるべきことを終えて大満足。次は余裕ある計画を。
28	Tue.		何かとお金がかかる時期。先のことを考えて使おう。
29	Wed.		好きな音楽を聴くと、沈んだ気持ちが晴れるはず。
30	Thu.		今後の予定を確認して、必要な予算は事前に計算を。

新月 上弦 満月 下弦

2023 12 December メンテナンスの月

毎日の運気をチェック!

DATE			
1 Fri.			年末年始に必要なものを書き出しておこう。
2 Sat.		不成就日	対応できそうにないことは、得意な人にお願いを。
3 Sun.			困難な問題が発生。まずは目の前のことに集中。
4 Mon.			疲れている人をしつこく問いたださないで。
5 Tue.	◐	一粒万倍日	誘いにのると普段交流できない人と仲よくなれそう。
6 Wed.		一粒万倍日	特別な日の過ごし方は、友達に意見を聞いてみて。
7 Thu.		一粒万倍日	贈り物は、相手が喜ぶものを具体的にリサーチ。
8 Fri.		一粒万倍日	八つ当たりはダメ。心を静める方法を学んで。
9 Sat.			心身がくつろぐことでリラックスを。お風呂も◎。
10 Sun.		不成就日	孤独を感じやすい日。寂しさに流されないように。
11 Mon.			悩みを身近な人に話してみるとラクになれるかも。
12 Tue.			人を責めるよりも助けることを心がけて過ごそう。
13 Wed.	●		予定の詳細を詰めよう。場所や時間も早めに連絡を。
14 Thu.			わがままな傾向に。人を振り回す言動は控えよう。
15 Fri.			やることが多くても、地道に対応すると後がラクに。

16 Sat.		冷えや寒さで体調を崩すかも。外出は暖かい服装で。
17 Sun.	不成就日	焦って適当に仕上げるとやり直しに。作業は丁寧に。
18 Mon.		クリスマスのイベントを企画。身近な人を誘おう。
19 Tue.	一粒万倍日	ごまかして話すより、きっぱり伝えることも優しさ。
20 Wed. ◐	一粒万倍日	横着すると逆に手間取るかも。やるべきことに集中。
21 Thu.		理想通りでなくても、ともに過ごせることに感謝を。
22 Fri. 冬至		慌ただしい雰囲気にのみ込まれそう。些細なミスに注意。
23 Sat.		少しの不調でも気になったら、正月前に病院へ。
24 Sun.		意外な人からお誘いが。応じてみると楽しい時間に。
25 Mon.	不成就日	お世話になった人に挨拶。来年はさらに交流しそう。
26 Tue.		準備に時間がかかりそうなら、別案を用意しよう。
27 Wed. ●		期日に間に合わない場合は、早めに助けを求めて。
28 Thu.		身の回りを掃除。キレイに整理して心もスッキリ。
29 Fri.		来年に向けて新しいことを意識すると、運気アップ。
30 Sat.		早起き&運動が開運に。来年の目標を考えてみて。
31 Sun. 大晦日	一粒万倍日	頭が冴える日。何事にも挑戦して今年を締めよう。

● 新月 ◐ 上弦 ● 満月 ◑ 下弦

2024

1 January

努力が報われる月

毎日の運気をチェック!

DATE			
1 Mon. 元日		天赦日 一粒万倍日	新年は家族や大切な人と。穏やかな時間が癒しに。
2 Tue.		不成就日	笑顔を大切にしていれば、いい出会いがあるかも。
3 Wed.			大胆になれそうな日。今日の自分を存分に楽しんで。
4 Thu.	◐		久しぶりに、昔の友達にメッセージを送ってみると◎。
5 Fri.			初売りやセールへ。掘り出し物が見つかるかも。
6 Sat.			今年の目標を周囲に宣言すると達成できそう。
7 Sun. 七草			人の行動が気になっても、イライラせず穏やかに。
8 Mon.			思い通りにならないなら、早めに帰るようにしよう。
9 Tue.			大事なものをなくしてしまうかも。何事も慎重に。
10 Wed.		不成就日	何かを始めるなら、しっかりとリサーチしてから。
11 Thu.	●		自分と違うタイプの人が別の世界を見せてくれそう。
12 Fri.			今年の目標に向けてやるべきことに取り組もう。
13 Sat.		一粒万倍日	周りの目を気にしすぎかも。自分のペースで大丈夫。
14 Sun.			注目度が上昇。食事など、誘いにはのってみて。
15 Mon.			集中力に欠けてしまいそう。ケアレスミスに注意を。

16	Tue.	一粒万倍日 不成就日	周りの話に耳を傾けることでアイデアが浮かびそう。
17	Wed.		自分をアピールするとあなたの希望が叶うかも。
18	Thu.	◐	親しい人と穏やかに過ごせそう。感謝を忘れずに。
19	Fri.		儲け話や都合のいい話には、キッパリとした態度を。
20	Sat.		人前に出たり、目立つ行動は控えた方がベター。
21	Sun.		保留や先延ばしにしていることに、結論を出そう。
22	Mon.		語学や資格試験の勉強など、新しいことに挑戦を。
23	Tue.		服装や髪型など、身だしなみを整えると運が上昇。
24	Wed.	不成就日	あれこれ考えるよりも、なりゆきに身を任せてみて。
25	Thu.	一粒万倍日	体調の変化を見逃さないで。しっかり疲れをとろう。
26	Fri.	●	自分から行動すると期待通りの展開になりそう。
27	Sat.		うっかりミスが多くなるかも。慌てず冷静に行動を。
28	Sun.	一粒万倍日	周りのアドバイスを参考にレベルアップをめざして。
29	Mon.		お金が入っても、衝動買いをしないよう注意。
30	Tue.		仕事がはかどる日。手が空いたら周りの手伝いを。
31	Wed.		誘惑が増えそう。今日はまっすぐ帰宅するのが賢明。

● 新月 ◐ 上弦 ● 満月 ◑ 下弦

毎日の運気をチェック！

2024 2 February
誘惑が多い月

DATE			
1	Thu.	不成就日	マイナス思考の傾向に。前向きな姿勢を心がけて。
2	Fri.		こだわりは手放してみて。柔軟さがツキを呼び込むはず。
3 節分	Sat.		ネットで最新情報をチェック！ 週末の参考に。
4	Sun.		知識を深める本を探しに、書店へ行ってみよう。
5	Mon.		周りの意見に耳を傾けて。ベストな選択ができそう。
6	Tue.		ストレスを感じる日。アロマやハーブでリラックス。
7	Wed.	一粒万倍日	何事も一生懸命がカギ。自己アピールもよい結果に。
8	Thu.		相手の誤解を招かないように、軽率な態度は控えて。
9	Fri.	不成就日	再チャレンジするために、まずは目標を考えよう。
10	Sat.		人に気前よくご馳走すると、うれしいお返しが。
11	Sun.		贈り物をするときはラッピングにこだわってみて。
12	Mon.	一粒万倍日 不成就日	甘い言葉に惑わされないで。冷静に判断すれば大丈夫。
13	Tue.		思い通りいかなくても笑顔で対応を。控えめが◎。
14	Wed.		悩みや不安は友達に相談。的確な助言がありそう。
15	Thu.		外出前は準備万全に。フットワーク軽く動けるはず。

16 Fri.		いつもの髪型や服装を変えて気分転換してみよう。
17 Sat. ◐		用事は1つずつ片づけてしっかり終わらせていこう。
18 Sun.		不調を感じたら早めにケアを。自分を癒して。
19 Mon.	一粒万倍日	周囲から頼られそう。快く協力してあげよう。
20 Tue.	不成就日	落ち着かないときは鏡を見て気を引き締めてみて。
21 Wed.		やる気が復活。自分自身でエンジンをかけられそう。
22 Thu.		プチ贅沢で開運。親しい人との時間を楽しんで。
23 Fri.		仲間と会うことでストレス発散ができてスッキリ。
24 Sat. ●	一粒万倍日	周りを観察し、雲行きが怪しくなったら一歩引いて。
25 Sun.		今日は言い訳や反論はせずに我慢して耐えよう。
26 Mon.		判断ミスを起こしそう。慎重な行動を心がけて。
27 Tue.		日常の習慣に小さな変化を加えると生活が豊かに。
28 Wed.	不成就日	テンションが高くなっても無理をしすぎずに休息を。
29 Thu.		直感を信じて選択をすると新しい発見がありそう。

● 新月 ◐ 上弦 ● 満月 ◑ 下弦

2024 3 March 再挑戦できる月

毎日の運気をチェック!

DATE			
1	Fri.		週末前でヘトヘトかも。休憩と栄養補給を心がけて。
2	Sat.	一粒万倍日	何事もプラスに。新しいやり方を試してみても◎。
3	Sun. ひな祭り		うっかりしがち。こまめにメモをして忘れ物防止!
4	Mon.		本を読み直してみると、いい情報を見つけられそう。
5	Tue.		得意なことを極めよう。その道のスペシャリストに。
6	Wed.		助けを待つだけではなく、まずは自力でやってみて。
7	Thu.	不成就日	思い通りにならない日。心静かに過ごすのが吉。
8	Fri.		嫌なことを思い出しそう。引きずらないようにして。
9	Sat.		慎重に考えて、断ち切りたいものとはお別れを。
10	Sun.	一粒万倍日	待っていても始まらない。勇気を出して行動しよう。
11	Mon.	不成就日	頼れる友達の存在に気づけそう。感謝を忘れずに。
12	Tue.		中途半端なことには決着を。いい判断ができそう。
13	Wed.		無理は禁物。胃に優しいものを食べて落ち着こう。
14	Thu.		積極的に行動を。自分から動くとうまくいく予感。
15	Fri.	天赦日 一粒万倍日	やりたいことが増えそう。まずは1つに集中しよう。

16 Sat.		食生活を見直してみると、体力も運も一段とアップ。
17 Sun. ◐		言いにくいことは軽く話して様子を見るといいかも。
18 Mon.		日ごろ支えてくれる仲間に感謝の気持ちを伝えよう。
19 Tue.	不成就日	出しゃばりすぎてしまいそう。見守ることも大事。
20 Wed.		無理して人に力を貸すよりも、自分を大切にして。
21 Thu.		完璧はめざさなくて OK。まずはやってみること。
22 Fri.	一粒万倍日	興味があるなら新しく挑戦。行動して世界を広げて。
23 Sat.		自分の能力を活かして学べるものを探してみよう。
24 Sun.		やるべきことは、気合いを入れて今日中にクリア。
25 Mon. ○		不機嫌が周りに伝わりそう。優しい言葉を心がけて。
26 Tue.		仕事も遊びも絶好調。気になっていた問題も解決。
27 Wed.	一粒万倍日 不成就日	落ち着いて過ごしたい日。何事も地道にやろう。
28 Thu.		懐かしい人に連絡すると、交流が復活しそうな予感。
29 Fri.		仕事で使えるものを、思い切って購入してみると◎。
30 Sat.		努力が実を結びそう。公私問わず手応えがあるかも。
31 Sun.		勘違いや思い込みがありそう。1つひとつ確認を。

● 新月 ◐ 上弦 ○ 満月 ◑ 下弦

毎日の運気をチェック！

2024 4 April
吉凶混ざり引きが強い月

DATE		
1 Mon.		予想外のことが発生しそう。根性で乗り切って。
2 Tue.		気になっていたことがクリアになってスッキリ！
3 Wed.	一粒万倍日	新しいことにチャレンジすると、成長できる予感。
4 Thu.	不成就日	必要な情報は人が集まる場に行って探してみて。
5 Fri.		自分の意見や決断には自信をもって、悩まず進もう。
6 Sat.	一粒万倍日	難しいことは焦らず取り組むといい結果になりそう。
7 Sun.		頼れる人を食事に誘って、悩みを聞いてもらおう。
8 Mon.		忘れ物に注意。気を引き締めることでトラブル回避。
9 Tue.	一粒万倍日 不成就日	頑張りすぎかも。攻めるより守りの１日を過ごそう。
10 Wed.		収入アップにつながる、いい出会いがありそうな日。
11 Thu.		地道な努力が認められて、ご褒美をもらえるかも。
12 Fri.		思い通りにいかないなら、流れに身を任せよう。
13 Sat.		ネガティブになりそう。考えすぎないことが大切。
14 Sun.		濡れ衣を着せられそう。説明して誤解を解こう。
15 Mon.		新しい分野に興味が湧きそう。さらに調べてみよう。

16 Tue.	◐		もう一歩前進したいなら、別の方法を試してみよう。
17 Wed.		不成就日	何事も踏ん張って。ご飯をしっかり食べてパワーに。
18 Thu.		一粒万倍日	マッサージやエステなどで心と体の疲れを癒して。
19 Fri.			自分らしくのびのび過ごすと好感をもたれそう。
20 Sat.			調子にのるとドッと疲れが。平常心で空回りを回避。
21 Sun.		一粒万倍日	自然を感じる懐かしい場所が幸運を呼び込むカギ。
22 Mon.			得意なことを周囲にアピールしてステップアップを。
23 Tue.			仲間と信頼関係が生まれ、幸せを感じられそう。
24 Wed.	○		慎重に対応すれば、ピンチは切り抜けられるはず。
25 Thu.		不成就日	家でも外でもペースが崩れそう。静かに過ごして。
26 Fri.			整理がカギ。掃除のほかに、人間関係の見直しも。
27 Sat.			決めつけは×。あえて逆の発想をするとよさそう。
28 Sun.			偏見や先入観は手放そう。意外な発見があるかも。
29 Mon.			無計画に過ごさないよう、休暇の予定の立て直しを。
30 Tue.		一粒万倍日	旅行やお出かけなら、楽しい思い出のある場所が吉。

● 新月 ◐ 上弦 ○ 満月 ◑ 下弦

毎日の運気をチェック!

2024 5 May 振り返ってみる月

DATE		
1 Wed.		積極的に行動を。気になる人を誘ってみても吉。
2 Thu.		疲れが溜まってきたなら体を動かしてストレス発散。
3 Fri.	一粒万倍日 不成就日	昔の友達や同僚が、これからのヒントをくれそう。
4 Sat.		気になっていたコンテストがあれば応募してみよう。
5 Sun. 端午の節句		気配りと思いやりをもつことで、うれしい知らせが。
6 Mon.		人にはそれぞれの意見があることを忘れないで。
7 Tue.		心も体も疲れ気味。ストレッチでリラックスを。
8 Wed.		苦しい思いをしているなら、距離を置くことも大切。
9 Thu.		身につけるものを新しくすれば、魅力がアップ。
10 Fri.		うまくいかないなら、こだわらず別の方法を試そう。
11 Sat.	不成就日	感情的な判断は NG。信念を貫くのはありかも。
12 Sun.		体に不安があるなら、週末のうちに病院を調べよう。
13 Mon.		いろいろなことが順調に進んで満足できる1日に!
14 Tue.		何でも力まず取り組めそう。周りも笑顔になるはず。
15 Wed.	一粒万倍日	一度の失敗でめげないで。何度も挑戦してみよう。

16 Thu.		一粒万倍日	ネットショッピングでお得なものを購入できそう。
17 Fri.			自然と触れ合おう。明るい色を身につけると◎。
18 Sat.			優しそうに見える人には注意を。慎重に見極めて。
19 Sun.		不成就日	不満があっても文句は言わず、柔らかい態度で。
20 Mon.			諦めることも大切。気持ちを切り替えて前進を。
21 Tue.			決められたやり方より、自分の考えで動いてみよう。
22 Wed.			固執せず想像を広げればいいアイデアが浮かびそう。
23 Thu.	🌕		体力も気力も十分。早起きして太陽の光を浴びて。
24 Fri.			日頃の行いを振り返り、反省点の改善をしよう。
25 Sat.			試しに挑戦したことで意外な才能が開花するかも。
26 Sun.			勢いで行動せず、深呼吸してから物事をスタート。
27 Mon.		一粒万倍日 不成就日	意外な人から誘われそう。返事はよく考えて後日に。
28 Tue.		一粒万倍日	頑張っている自分には豪華な食事など、ご褒美を。
29 Wed.			無理しすぎず、適度に休むことを心掛けて。
30 Thu.		天赦日	相手の身になって広い心をもつと気持ちも穏やかに。
31 Fri.	🌗		無理に外出するよりも室内で過ごした方がよさそう。

🌑 新月 🌓 上弦 🌕 満月 🌗 下弦

毎日の運気をチェック!

2024 6 June

運気が低迷する月

DATE			
1	Sat.		うまくいかないのなら今日はのんびりして過ごそう。
2	Sun.		挑戦が成長の種に。苦手なことはしっかり準備を。
3	Mon.		計画を立てる前にリサーチすることが大切。
4	Tue.	不成就日	気持ちが先走りそう。深呼吸して落ち着こう。
5	Wed.		やることが山積み。終わったらしっかり休養して。
6	Thu.		肩の力を抜いて過ごせば小さな幸せを感じられそう。
7	Fri.		注意力が散漫に。メモを活用してミスを防ごう。
8	Sat.		問題が再浮上してきたときこそ、冷静な対応がカギ。
9	Sun.		甘い言葉にのせられないよう、気持ちを強くもって。
10	Mon.	一粒万倍日 不成就日	自分ではなく、人のことを優先する行動が吉に。
11	Tue.	一粒万倍日	足もとに注意してケガを回避。落ち着いて行動を。
12	Wed.		周りに八つ当たりしてしまいそう。笑顔を心がけて。
13	Thu.		納得できなくても受け入れて。答えは出ているかも。
14	Fri.		新しいものや場所が、価値観を変えてくれそう。
15	Sat.		気になる場所を掃除して。部屋も気持ちもスッキリ。

16 Sun.		集まりへの参加は、今日は避けた方がよさそう。
17 Mon.		驚くことがあっても、冷静に過ごすとトラブル回避。
18 Tue.	不成就日	目立ちすぎるのはトラブルのもと。控えめな行動が◎。
19 Wed.		気持ちが定まらないかも。腰を据えた行動が大切。
20 Thu.		諦めずに再トライしてみると、うれしい結果に。
21 Fri.		持ち物はしっかりと管理。お金周りも注意を払って。
22 Sat.	一粒万倍日	感謝の気持ちや謙虚な心を意識すると運気アップ。
23 Sun.	一粒万倍日	悲しい事実が発覚しても、今は様子見が得策。
24 Mon.		噂話には耳を傾けないで。発言にも気をつけよう。
25 Tue.		身だしなみを整えることで心をリフレッシュして。
26 Wed.	不成就日	気になることがあれば積極的に情報収集をしよう。
27 Thu.		セミナーなどに参加。ステップアップを図ってみて。
28 Fri.		直感に従うと吉。胸騒ぎがしたらストップしても。
29 Sat.		睡眠や食事など、健康のために生活習慣を見直そう。
30 Sun. 夏越の祓		変化のある日。1日でいろいろなことが起こるかも。

● 新月 ◐ 上弦 ● 満月 ◑ 下弦

2024 7 July

毎日の運気をチェック!

八方塞がりになりやすい月

DATE			
1	Mon.		うっかりミスをしないよう気を引き締めて過ごそう。
2	Tue.		諦めていたことに再挑戦。今回は続けられるはず。
3	Wed.		噴水のある公園など、水がある場所でリフレッシュ!
4	Thu.	一粒万倍日 不成就日	相手のことを尊重すれば、もっといい関係に。
5	Fri.	一粒万倍日	誘われても人が多い場所は避けた方がいいかも。
6 ●	Sat.		落ち着いて行動すれば、なんとか乗り越えられそう。
7 七夕	Sun.		今やっていることは最後まで終わらせて次に進もう。
8	Mon.	一粒万倍日	夏休みの予定を立ててモチベーションを上げよう。
9	Tue.		笑顔を意識すれば、自然と周りも幸せムードに。
10	Wed.		甘い言葉で誘われても慎重に考えてから決めよう。
11	Thu.	不成就日	動き回るとダウンしそう。静かに過ごすのがベター。
12	Fri.		驚くことがあっても、できるだけ平常心を保って。
13	Sat.		噂話は慎むのが正解。誠実な態度を心がけよう。
14 ◐	Sun.		古いメールを再確認。見逃してることがあるかも。
15	Mon.		人間関係がスムーズに。気になる人を誘うのも◎。

16 Tue.			丁寧な言葉と態度を意識して、穏やかに過ごそう。
17 Wed.		一粒万倍日	目立とうとせず、今日は誰かのサポートに回って。
18 Thu.			外出時は日差しを避けて。何事も慌てずに。
19 Fri.		不成就日	うまくいかないのなら一度こだわりを捨ててみて。
20 Sat.		一粒万倍日	魅力的な人に出会っても、よく見極めてから近づこう。
21 Sun.	満月		過ぎてしまったことは忘れて、気分を切り替えて。
22 Mon.			判断するときは、話の内容をしっかり聞いてから。
23 Tue.			冷房で体が冷えないよう上着をもって出かけよう。
24 Wed.			人のいいところを、積極的に見つけていくと開運に。
25 Thu.			一緒にいる人の前では楽しそうにリアクションを。
26 Fri.			大事な人と懐かしい場所に行くとさらに近づけそう。
27 Sat.		不成就日	お世話になった人への御礼は金額より気持ちが大事。
28 Sun.	下弦		何事も基礎が大事。勉強し直すのもいいかも。
29 Mon.		天赦日 一粒万倍日	1人時間を満喫。自分の正直な気持ちを大切に。
30 Tue.			不満があっても口に出さないで周囲を気遣おう。
31 Wed.			悩んでいることがあるなら、すぐに仲間に相談を。

新月　上弦　満月　下弦

毎日の運気をチェック!

2024 8 August リセットの月

DATE			
1	Thu.	一粒万倍日	興味の幅を広げれば、役立つ情報が見つかりそう。
2	Fri.		肌の露出はなるべく避けて。紫外線対策もしっかり。
3	Sat.		物事は強引に進めず、周囲の意見に耳を傾けて。
4	Sun.	●	プレッシャーを感じても気負わずに取り組もう。
5	Mon.		気の合う仲間と本音で語り合ってストレス解消!
6	Tue.	不成就日	集中力が必要な仕事は、なるべく明日以降にしよう。
7	Wed.		問題が再発したなら前とは違う方法で解決してみて。
8	Thu.		温かい人たちに囲まれて平和な気持ちになれそう。
9	Fri.		後回しにしてきたことを一気に片づけられるかも。
10	Sat.		失敗に気づいたらすぐに謝ればトラブルを回避。
11	Sun.	一粒万倍日	人が多く集まる所では聞き役に回るようにしてみて。
12	Mon.	天赦日	執着していたことがあるなら手放してリセットしよう。
13	Tue.	◐	いつもより早起きしてストレッチをすると運気アップ。
14	Wed.	不成就日	頑固でいるよりも流れに身を任せるといい方向へ。
15	Thu.		意味がないと思うことはキッパリ終わらせよう。

16	Fri.	一粒万倍日	長引く体調不良があるなら放っておかずに病院へ。
17	Sat.		力まず自然体でいるとスムーズに事が運びそう。
18	Sun.		ストレス発散にはカラオケやスポーツ観戦が◎。
19	Mon.		大切な情報を見落とすかも。再度確認してみよう。
20	Tue.	●	経験や知識を活かせば、周りをサポートできるかも。
21	Wed.		感謝を忘れず、誰にでも優しい気持ちを心がけて。
22	Thu.	不成就日	人を疑うよりも、自分の行動を振り返る習慣を。
23	Fri.	一粒万倍日	言葉遣いを丁寧にして、いい人間関係をキープ。
24	Sat.		ダラダラ続けていたことを潔くやめると開運に。
25	Sun.		問題が生じたなら、誠実な気持ちで向き合おう。
26	Mon.	◑	やらなければと気にしていたことが片づきそう。
27	Tue.		気が進まないお誘いは、曖昧にせず断ってOK。
28	Wed.	一粒万倍日	怠けたくなっても周りを見て合わせるようにしよう。
29	Thu.		チャンスを逃さないで。ひらめいたならば即行動。
30	Fri.	不成就日	余計な力を抜いて笑って過ごすようにしよう。
31	Sat.		懐かしい友達の話で盛り上がる日。久しぶりに連絡を。

● 新月 ◐ 上弦 ● 満月 ◑ 下弦

2024 9 September

毎日の運気をチェック!

新スタートの月

DATE		
1 Sun.		地道に頑張ってきたことが実を結びそうな予感。
2 Mon.		周りからほめられたときは照れずに笑顔で応えて。
3 Tue. ●		理不尽なことが起こりそう。話し合いで解決しよう。
4 Wed.	一粒万倍日 不成就日	仲間の話を聞いて尊重すれば信頼を得られそう。
5 Thu.		頼れる人と一緒に行動してトラブルを回避。
6 Fri.		パソコンやスマホなど、IT 機器の新調で運が上昇。
7 Sat.		気になることは気が済むまで調べた方がよさそう。
8 Sun.		先送りしていたことに着手。楽しんで取り組もう。
9 Mon. 重陽の節句		うまくいかなくても、努力を続けることが大切。
10 Tue.		挑戦できるチャンスが。助けてくれた人にはお礼を。
11 Wed. ◐		羽を伸ばしたくなっても調子にのりすぎないで。
12 Thu.	一粒万倍日 不成就日	昔好きだった曲を聴くと新しいアイデアが湧きそう。
13 Fri.		自分のためではなく誰かのためにお金を使うと◎。
14 Sat.		理想の相手に出会えるかも。誘われたら前向きに。
15 Sun.		身近な人からダメ出しされそう。素直に耳を傾けて。

16 Mon.		うまくいかないことが多いかも。早めに休もう。
17 Tue. 中秋の名月	一粒万倍日	うっかりミスをしそう。何事も確認して回避して。
18 Wed.		仕事帰りに最新のスポットへ。刺激が得られそう。
19 Thu.		誘いにのると今後につながる出会いがある予感。
20 Fri.	不成就日	焦って決めてもいいことなし。周りに相談をしよう。
21 Sat.		夏の疲れが出そう。消化のいい食べ物で体調管理を。
22 Sun.		考えすぎないで。ピンときたら、即行動が正解。
23 Mon.		トラブルで遅刻をしないように早めに家を出よう。
24 Tue.	一粒万倍日	しばらく会えていない友達に連絡。元気をもらって!
25 Wed.		お世話になった人のために、贅沢なギフトを選んで。
26 Thu.		パートナーとの絆が深まり、幸せを感じられるかも。
27 Fri.		目上の人の言葉は謙虚に受け止めて、成長の糧に。
28 Sat.	不成就日	外出は避けた方がよさそう。慎重な言葉選びを。
29 Sun.	一粒万倍日	初対面の人には、自分から声をかけてみよう。
30 Mon.		秋の味覚が心や体のエネルギーに。季節を楽しんで。

新月 上弦 満月 下弦

2024 10 October 物事を見直す月

毎日の運気をチェック!

DATE			
1	Tue.		残業よりプライベートを優先。出会いに期待しても。
2	Wed.		力がみなぎりそう。少しリラックスして過ごして。
3	Thu.	● 不成就日	少しくらいカチンときても受け流すようにしよう。
4	Fri.		お誘いや会話が途切れなそう。楽しい1日を!
5	Sat.		やることは1つずつ処理を。中途半端を回避しよう。
6	Sun.	一粒万倍日	臨機応変な対応が問題解決への近道になりそう。
7	Mon.		家族との時間で幸せを実感。遠い実家には電話も◎。
8	Tue.		努力してきたことに満足な結果が出たら、お祝いを。
9	Wed.	一粒万倍日	噂話は無視してOK。関心のない素振りで自己防衛。
10	Thu.		無理に人と交流せず、必要なやりとりだけにして。
11	Fri.	◐ 天赦日 不成就日	あなたにとって必要なものは何か、見えてくるかも。
12	Sat.	一粒万倍日	尊敬する人から学べることを吸収して成長しよう。
13	Sun.		何事も全力で挑戦を。向上のチャンスを逃さないで。
14	Mon.		決断するときは周りの人のアドバイスを聞こう。
15	Tue.		頑張りを妬まれているかも。慎重な言動を心がけて。

16	Wed.		魅力が高まる日。積極的に人と会うとさらに開運。
17	Thu.		楽しんでいいけれど親しくない人とは距離を置こう。
18	Fri.		ヴィンテージものをチェック。運気アップのカギに。
19	Sat.	不成就日	苦手な人との会話は今日のニュースをネタにして。
20	Sun.		興味があることには前向きに取り組んでみよう。
21	Mon.	一粒万倍日	仲違いしている人たちに挟まれたら中立の立場で。
22	Tue.		外出するより室内でできることをした方がよさそう。
23	Wed.		愛用品が壊れたら役目を終えたことに感謝を。
24	Thu.	一粒万倍日	ヘアスタイルを一新しよう。新しい美容院を探して。
25	Fri.		秋冬物の新調を。身につけたことのない色に挑戦。
26	Sat.		プライドを捨てると、さらに良好な人間関係を築けそう。
27	Sun.	不成就日	疲れが出てきそう。マッサージなどで自分を癒して。
28	Mon.		タイミングに恵まれる日。チャンスは自らつかもう。
29	Tue.		仕事に身が入らないかも。目の前のことに集中を。
30	Wed.		昔の自分の日記やメモに現状を変えるヒントが。
31	Thu.		季節のアイテムがお得な値段で手に入りそう。

新月 上弦 満月 下弦

毎日の運気をチェック!

2024 11 November 決断する月

DATE			
1	Fri.		好きな人にはなるべく自然に気持ちを伝えてみて。
2	Sat.	一粒万倍日	邪魔をされても不機嫌な顔をせずに大人の対応を。
3	Sun.		思い通りにいかないときは聞き役に徹して。
4	Mon.	不成就日	来年に向けて中途半端なことには終止符を打とう。
5 一の酉	Tue.	一粒万倍日	年末に必要な物は今日のうちに準備しておくと吉。
6	Wed.		異業種の人たちと交流を。いい刺激をもらえそう。
7	Thu.		偉そうな態度になっていないか、注意して接しよう。
8	Fri.		正論を振りかざすだけではなく相手の話も聞いて。
9	Sat.		自分より周りを考えて動くと、スムーズにいきそう。
10	Sun.		調子にのって口が滑りそう。会話は節度をもって。
11	Mon.		諦めていたことに再挑戦。今度は長続きしそう。
12	Tue.	不成就日	目の前のことに集中。努力はいつか評価されるはず。
13	Wed.		人を頼ってOK。格好つけずに周囲に相談してみて。
14	Thu.		予定通りに進まないときは流れに身を任せること。
15	Fri.		人から欠点を指摘されそう。素直に受け入れて。

16 Sat.		利用されているかもと感じたら、相手から離れよう。
17 Sun. 二の酉	一粒万倍日	普段やらないことにチャレンジ。楽しみを見つけて。
18 Mon.	一粒万倍日	紅葉や季節の味覚を楽しんで。動くほど運がアップ。
19 Tue.		何度も考えたうえでの決断なら前向きに進もう。
20 Wed.	不成就日	気力がダウン。意識して栄養を摂るようにしよう。
21 Thu.		集まりには進んで参加を。知的に見える装いが◎。
22 Fri.		うっかりミスや勘違いをしがちな日。慎重になろう。
23 Sat.		素直さがカギ。気まずい相手とも仲直りできるかも。
24 Sun.		目標を周りに伝えることでスムーズに動き出せそう。
25 Mon.		見返りを求めずに周りを助けることで信頼度アップ。
26 Tue.		夜遊びはほどほどに。暴飲暴食も控え目にして。
27 Wed.		自分を追い込まないで。リラックスして考えよう。
28 Thu.	不成就日	月末で疲れもピークに。お風呂で心身を癒そう。
29 Fri. 三の酉	一粒万倍日	贈り物はネットで検索。素敵な物が見つかるかも。
30 Sat.	一粒万倍日	ウォーキングなど手軽な運動で頭も体もスッキリ。

●新月 ◐上弦 ●満月 ◑下弦

2024 12 December メンテナンスの月

毎日の運気をチェック!

DATE			
1	Sun.		後回しにしていることがあるなら今日のうちに動いて。
2	Mon.		年末の忙しい波が来る前に体の不調を改善しよう。
3	Tue.		日常のささやかな幸せを見つけると充実感がアップ。
4	Wed.		SNS に夢中で、うっかりミスをしないよう注意。
5	Thu.	不成就日	旧友と連絡をとってみよう。心が癒されるかも。
6	Fri.		ボーナスが入ったなら、手堅く貯蓄がよさそう。
7	Sat.		忙しい年末こそ地に足をつけた行動を意識して。
8	Sun.		相手の意見も尊重。冷静な話し合いを心がけよう。
9	Mon.		仕事に行き詰まったなら根本から考え直してみて。
10	Tue.		年末のイベントの準備を。やる気もアップしそう。
11	Wed.		いつも素通りする場所に立ち寄ると新しい発見が。
12	Thu.		週末に観る映画をリサーチ。元気が出る作品が◎。
13	Fri.	一粒万倍日 不成就日	今年お世話になった人へのプレゼントを考えよう。
14	Sat.	一粒万倍日	冷え対策グッズを揃えて足腰を温かくして過ごして。
15	Sun.		お風呂にゆっくり浸かり自分を癒すことが大切な日。

16 Mon.		初対面の人とも打ち解けられそう。言葉を選んで。
17 Tue.		人生のヒントは、昔観た映画や読んだ本にあるかも。
18 Wed.		お得な買い物ができそう。贈り物を探すのにも最適。
19 Thu.		友達や仕事仲間と、今夜は楽しい時間を過ごせそう。
20 Fri.		早めに帰宅して休んで。年末前に体力をチャージ。
21 Sat. 冬至	不成就日	家に誰かを招くなら、料理をしてもてなすと笑顔に。
22 Sun.		夜遊びは運気ダウン。早めに帰宅するのがベスト。
23 Mon. ◑		交流の場では積極的に。新しい交友関係が築けそう。
24 Tue.		周囲の意見をまとめて仕事を円滑に。団結力も上昇。
25 Wed.	一粒万倍日	仕事納めも間近。来年の目標や計画を立ててみよう。
26 Thu.	天赦日 一粒万倍日	あなたの体を気遣ってくれる素敵な人に出会えそう。
27 Fri.		大掃除は全体の計画を立ててから取りかかろう。
28 Sat.		慌ただしくしているとケガをしそう。何事も慎重に。
29 Sun.	不成就日	寒さ対策を万全にしてから外出。気を緩めないで。
30 Mon.		満足できる買い物ができて楽しい1日になりそう。
31 Tue. ● 大晦日		来年の目標を書いて、目立つところに貼っておこう。

● 新月 ◐ 上弦 ○ 満月 ◑ 下弦

OTHER PROFILE

他の天星のプロフィール

天星は全部で12タイプ。
自分以外の天星についても知って、
人付き合いに役立ててくださいね。

Profile

載っていること

基本性格

各天星のトリセツ

2024年の開運のカギ

開運色・アイテム・スポット

2024年の開運相性

その星から見た基本の相性

MOON

柔らかな愛と
“繊細な光のエネルギー”をもつ

月
グループ

バランス感覚と
“自然な光のエネルギー”をもつ

地球
グループ

EARTH

秘めたパワーと
“情熱の光のエネルギー”をもつ

太陽
グループ

SUN

満月

情にあふれたロマンチスト

基本性格

想像力が豊かで温かい心をもったロマンチストな反面、冷静で現実主義的に考える面ももち合わせているタイプ。周囲の人を気遣い、困っている人を放っておけない優しさがあるため、知らないうちに気疲れしてしまいがちです。安心してのんびりできる居場所を用意して、自分を癒すことも大切に。

満月のトリセツ

⬆好きなこと・喜ぶこと

- 温泉にゆったり浸かる
- サプライズ(する、される)
- 喜んでくれる人、素直な人
- 好きなだけ寝ること
- 趣味や遊びの共有
- 優しい言葉をかけられる

⬇嫌がること・ストレスになること

- 余裕がない状況
- 不安や心配を抱え込む
- 競争、戦い
- 無視や仲間はずれ
- 威圧的な態度
- 否定的な人、無神経な人

2024年の開運のカギ

やるといいこと	生活に運動や筋トレを取り入れる
気をつけるべきこと	オン・オフの切り替え、自律神経を整える

2024年の開運相性

恋愛運を上げる天星	仕事運をのばす天星	金運をのばす天星
満月 × 上弦の月	満月 × 満月	満月 × 夕焼け

基本の開運色
紫

2024年の開運色
ミントグリーン

2024年の開運アイテム
手帳型スマホケース

2024年の開運スポット
フラワーパーク

天星タイプ別 基本の相性

満月 × 満月 ★★★★★	満月 × 大陸 ★★★☆☆
満月 × 上弦の月 ★★★★★	満月 × 海 ★☆☆☆☆
満月 × 下弦の月 ★★★★☆	満月 × 朝日 ★★☆☆☆
満月 × 新月 ★★★★☆	満月 × 真昼 ★★★★☆
満月 × 空 ★★★☆☆	満月 × 夕焼け ★★★★☆
満月 × 山脈 ★★★☆☆	満月 × 深夜 ★☆☆☆☆

上弦の月

無邪気で警戒心の強い癒し系

基本性格

美的感覚が鋭く、慎重そうに見えて直感型のタイプ。警戒心は強いですが根が純粋なので、いい人だなと感じるとすぐ信じてしまうことも。仲がいいと無意識のうちにわがままになりやすく、愛が感じられないと不安定になる一面も。自分を認めてくれ、安らぎをくれる人といることが開運につながります。

上弦の月のトリセツ

⬆好きなこと・喜ぶこと

- 好きな人と過ごすこと
- 優しく気遣われること
- お姫様、王子様扱い
- 安心できる場所や人
- すぐ返信、すぐ対応
- 親しい人との飲み

⬇嫌がること・ストレスになること

- 放置される、既読スルー
- 頑張りを評価されないこと
- 人と比べられること
- 突然のお誘い
- アウェイな場所
- 思い通りにいかない環境

2024年の開運のカギ

やるといいこと	好きなことに没頭する
気をつけるべきこと	胃の不調。休息をしっかりとる

2024年の開運相性

恋愛運を上げる天星	仕事運をのばす天星	金運をのばす天星
上弦の月 × 満月	上弦の月 × 真昼	上弦の月 × 空

基本の開運色
白

2024年の開運色
トマトレッド

2024年の開運アイテム
パワーストーン

2024年の開運スポット
水がキレイな場所

天星タイプ別 基本の相性

上弦の月 × 満月 ★★★★★	上弦の月 × 大陸 ★★★☆☆
上弦の月 × 上弦の月 ★★★★☆	上弦の月 × 海 ★★★★☆
上弦の月 × 下弦の月 ★☆☆☆☆	上弦の月 × 朝日 ★★★★☆
上弦の月 × 新月 ★★☆☆☆	上弦の月 × 真昼 ★★★★☆
上弦の月 × 空 ★★☆☆☆	上弦の月 × 夕焼け ★★★★☆
上弦の月 × 山脈 ★★☆☆☆	上弦の月 × 深夜 ★★☆☆☆

下弦の月

ノリで勝負な愛嬌の達人

基本性格

好奇心旺盛で大器晩成型の気質をもち、出世するタイプ。仲よくなると気さくで、興味があることであれば臨機応変に対応できるなど順応性は高め。ただし飽きっぽくて集中力のないところがあり、興味のない話は聞いている風。根は明るく少し抜けている天然タイプですが、そこが大きな魅力です。

下弦の月のトリセツ

⬆好きなこと・喜ぶこと

- 好きな人たちからの応援
- 家族にほめられること
- 可能性を広げてくれる人
- 無添加や体によいもの
- 一流に触れること
- 自分を尊重してくれる人

⬇嫌がること・ストレスになること

- 否定されること
- 間違いを正されること
- 忘れないでと強制される
- 孤独感
- 「好き」を共感されない
- 責任を問われること

2024年の開運のカギ

やるといいこと 責任をもって何事も最後までやり抜く

気をつけるべきこと キツイ口調や上辺だけの返事

2024年の開運相性

恋愛運を上げる天星	仕事運をのばす天星	金運をのばす天星
下弦の月 × 空	下弦の月 × 大陸	下弦の月 × 真昼

基本の開運色
黄色

2024年の開運色
ピンクベージュ

2024年の開運アイテム
財布

2024年の開運スポット
神社仏閣

天星タイプ別 基本の相性

組み合わせ	相性	組み合わせ	相性
下弦の月 × 満月	★★☆☆☆	下弦の月 × 大陸	★★★★★
下弦の月 × 上弦の月	★★★★☆	下弦の月 × 海	★★★★☆
下弦の月 × 下弦の月	★★★☆☆	下弦の月 × 朝日	★☆☆☆☆
下弦の月 × 新月	★☆☆☆☆	下弦の月 × 真昼	★★★☆☆
下弦の月 × 空	★★★★☆	下弦の月 × 夕焼け	★★★★☆
下弦の月 × 山脈	★★★☆☆	下弦の月 × 深夜	★★★★★

★空★

包容力豊かな頑張り屋さん

基本性格

面白そうなことが大好きで、寛大な心のもち主。面倒見がよく困っている人を放っておけず、つい張り切ってしまうタイプ。自分に自信がないため人と比べ落ち込むと愚痴が多めに。どこか抜けていてツメが甘い面がある一方、仕事と恋愛の両立も得意な頼れるマルチプレーヤー。見栄っ張りで身内に冷たくなる傾向も。

空のトリセツ

⬆好きなこと・喜ぶこと

- いきつけの場所に行く
- 手土産（もらう、あげる）
- 気の合う人と食事＆談笑
- 自慢できる環境
- 満足感がある買い物
- お茶の時間

⬇嫌がること・ストレスになること

- 注意されること
- プライドを傷つけられる
- 仕事を邪魔される
- 異性関係に口出しされる
- すぐに対応しない人
- 待たされること

2024年の開運のカギ

やるといいこと	食のバランスを大切にし、欲を制御
気をつけるべきこと	体の不調のサインを見過ごさない

2024年の開運相性

恋愛運を上げる天星	仕事運をのばす天星	金運をのばす天星
空 × 下弦の月	空 × 朝日	空 × 上弦の月

基本の開運色	2024年の開運色	2024年の開運アイテム	2024年の開運スポット
水色	白	キーケース	レトロな喫茶店

天星タイプ別 基本の相性

空 × 満月	★★★☆☆	空 × 大陸	★★☆☆☆
空 × 上弦の月	★★★★☆	空 × 海	★★★★☆
空 × 下弦の月	★★★★☆	空 × 朝日	★★☆☆☆
空 × 新月	★★☆☆☆	空 × 真昼	★★★★☆
空 × 空	★★★★★	空 × 夕焼け	★★☆☆☆
空 × 山脈	★★★★☆	空 × 深夜	★★★★★

★山脈★

平和主義なお茶目さん

基本性格

1つひとつ着実に自信をつけ、協調性を重んじる安定志向タイプ。興味をもてない人付き合いは面倒に思いがちですが、周りを和ませる愛嬌があり、実は幅広い交友関係を築ける社交性を隠しもっています。ドライなリアリストで論理的な面も。ほめられたり、認められることで大きく成長します。

山脈のトリセツ

⬆好きなこと・喜ぶこと

- 自然なほめまくり攻撃
- 自分の目標をクリア！
- 自分のペースで進行
- お得を感じること
- 趣味に没頭できること
- レアな物、価値がある物

⬇嫌がること・ストレスになること

- 面倒くさいこと
- 自分に無関係な話
- 効率が悪いこと
- タスクが終わらない状況
- 騒がしい場所や大きな音
- 非常識なこと

2024年の開運のカギ

やるといいこと	1人の時間やリフレッシュを大切に
気をつけるべきこと	自分にも人にも厳しくしない

2024年の開運相性

恋愛運を上げる天星	仕事運をのばす天星	金運をのばす天星
山脈 × **海**	山脈 × **山脈**	山脈 × **大陸**

基本の開運色
緑

2024年の開運色
黄色

2024年の開運アイテム
トートバッグ

2024年の開運スポット
緑が多く静かな場所

天星タイプ別 基本の相性

山脈 × 満月	★★★☆☆	山脈 × 大陸	★★☆☆☆
山脈 × 上弦の月	★★☆☆☆	山脈 × 海	★★★☆☆
山脈 × 下弦の月	★★★★★	山脈 × 朝日	★★★★☆
山脈 × 新月	★☆☆☆☆	山脈 × 真昼	★☆☆☆☆
山脈 × 空	★★★★☆	山脈 × 夕焼け	★★★☆☆
山脈 × 山脈	★★★★☆	山脈 × 深夜	★★★☆☆

★大陸★

冷静沈着な感性先取りタイプ

基本性格

才能豊かで独自のセンスのもち主。穏やかに見えて正義感が強く、決断が早く勝気なところも。情にもろく義理堅い面もあり、一旦やると決めたらやり抜く責任感の強い人です。実は慎重で小心者なので無意識のうちに自分を守ろうとしますが、親しい人の間では可愛いムードメーカーになるタイプです。

大陸のトリセツ

⬆好きなこと・喜ぶこと

- 憧れ、尊敬されること
- 成功すること
- すべて把握できる環境
- 自分が1番の状況
- 時間配分通りに進むこと
- ストレス解消の買い物

⬇嫌がること・ストレスになること

- バカにされること
- 口だけの人
- 手柄を奪われること
- 自分から折れること
- 弱い面を見破られること
- 服装やセンスへの口出し

2024年の開運のカギ

やるといいこと “笑い”を大切にしてみる

気をつけるべきこと すべて1人で抱え込まない

2024年の開運相性

恋愛運を上げる天星	仕事運をのばす天星	金運をのばす天星
大陸×夕焼け	大陸×下弦の月	大陸×山脈

基本の開運色
赤

2024年の開運色
シルバー

2024年の開運アイテム
ネイルハンドクリーム

2024年の開運スポット
湧き水がおいしい所

天星タイプ別 基本の相性

組み合わせ	相性	組み合わせ	相性
大陸×満月	★★★☆☆	大陸×大陸	★★★☆☆
大陸×上弦の月	★★★★☆	大陸×海	★★★★☆
大陸×下弦の月	★★★☆☆	大陸×朝日	★★★★★
大陸×新月	★★☆☆☆	大陸×真昼	★☆☆☆☆
大陸×空	★★★★☆	大陸×夕焼け	★★★★☆
大陸×山脈	★★☆☆☆	大陸×深夜	★★★☆☆

★海★

二面性を隠しもった完璧主義者

基本性格

広く穏やかな海のように優しい雰囲気をもつ反面、完璧主義で深い海のように底知れぬ野心を隠しもっているタイプ。奥深くには、自分を守る強力な保護があり、自分軸が強め。人を信用するまで時間がかかります。自分でも自覚できていない思い込みや思考の癖をもつ実は頑固な人。本音を語らず、少々ドライな一面もあります。

海のトリセツ

⬆好きなこと・喜ぶこと

・特別扱いされること	・若く見られほめられること
・丁寧にお礼を言われる	・ツボを押さえたほめ言葉
・理解してもらえること	・秘密を共有した優位な状況

⬇嫌がること・ストレスになること

・自分のルールを変えること	・人前で怒られること
・自分をさらけ出すこと	・短所を指摘してくる人
・土足で踏み込まれること	・思い通りにならないこと

2024年の開運のカギ

やるといいこと 謙虚な気持ちで心からの感謝をする

気をつけるべきこと 自分の固定観念に捉われない

2024年の開運相性

恋愛運 を 上げる天星
海 × 真昼

仕事運 を のばす天星
海 × 深夜

金運 を のばす天星
海 × 朝日

基本の開運色
青

2024年の開運色
オレンジ

2024年の開運アイテム
ゴールドピアス イヤリング

2024年の開運スポット
動物がいる場所

天星タイプ別 基本の相性

組み合わせ	相性	組み合わせ	相性
海 × 満月	★★☆☆☆	海 × 大陸	★★★☆☆
海 × 上弦の月	★☆☆☆☆	海 × 海	★☆☆☆☆
海 × 下弦の月	★★★☆☆	海 × 朝日	★★★☆☆
海 × 新月	★★☆☆☆	海 × 真昼	★★★☆☆
海 × 空	★★★★☆	海 × 夕焼け	★☆☆☆☆
海 × 山脈	★★★★☆	海 × 深夜	★★★★★

朝日

自由気ままな気分屋さん

基本性格

マイペースで冒険心旺盛、楽しいことが大好き。実は人見知りですが、趣味やノリが同じ人とはすぐに仲よくなれます。根は無邪気で、意外に単純。枠にはまらず自由に生きたいという願望も。飽きっぽいですが、気分がのれば驚くほどの行動力を発揮し、周りを驚かせることもあります。

朝日のトリセツ

⬆好きなこと・喜ぶこと

- 自由な自分の時間
- 好きなことをやれる環境
- 優位に立てる状況
- 尊敬されること
- ゲームや漫画タイム
- 趣味やノリが同じこと

⬇嫌がること・ストレスになること

- 強制されること
- ルールを無視する人
- 細かい指示や確認作業
- 自分の時間を邪魔する人
- 比べられたりバカにされる
- 逃げ場がないこと

2024年の開運のカギ

やるといいこと	スマホより目の前の相手を大切に
気をつけるべきこと	ケガ。損得勘定で物事を決めない

2024年の開運相性

恋愛運を上げる天星	仕事運をのばす天星	金運をのばす天星
朝日×山脈	朝日×空	朝日×新月

基本の開運色
蛍光色

2024年の開運色
ゴールド

2024年の開運アイテム
帽子

2024年の開運スポット
歴史を感じる場所

天星タイプ別 基本の相性

朝日×満月 ★★☆☆☆	朝日×大陸 ★★★★★
朝日×上弦の月 ★★★★☆	朝日×海 ★★★☆☆
朝日×下弦の月 ★☆☆☆☆	朝日×朝日 ★★★★☆
朝日×新月 ★★★★☆	朝日×真昼 ★★★★☆
朝日×空 ★☆☆☆☆	朝日×夕焼け ★★☆☆☆
朝日×山脈 ★★★★☆	朝日×深夜 ★★☆☆☆

真昼

自由主義な行動派

基本性格

穏やかそうに見えますが、物事を先取りする直感やスピード感があり、考えるより先に行動する人。好き嫌いをハッキリと主張し、何事にも直球で短期決戦を好みます。いったん相手を信頼すると急激に距離を縮め、友達の輪をどんどん広げるなど、人との縁で自分を発展させられるタイプです。

真昼のトリセツ

⬆好きなこと・喜ぶこと

- 冒険や海外旅行
- 「さすが!」という言葉
- ベタなセリフ
- 自分に従ってくれる
- 高級品やブランド
- 努力する自分

⬇嫌がること・ストレスになること

- 自分のペースを崩される
- 待たされること
- 長期戦
- 優柔不断な人
- 細かく聞いてくる人
- 予定を把握されること

2024年の開運のカギ

やるといいこと 日常に運動を取り入れた健康な体づくり

気をつけるべきこと 感情的にならない。戦わない

2024年の開運相性

恋愛運を上げる天星	仕事運をのばす天星	金運をのばす天星
真昼 × 海	真昼 × 上弦の月	真昼 × 下弦の月

基本の開運色
橙色

2024年の開運色
茶色

2024年の開運アイテム
メガネ サングラス

2024年の開運スポット
鳥の鳴き声が聞こえる場所

天星タイプ別 基本の相性

組み合わせ	相性	組み合わせ	相性
真昼 × 満月	★★☆☆☆	真昼 × 大陸	★★☆☆☆
真昼 × 上弦の月	★★★★☆	真昼 × 海	★★★☆☆
真昼 × 下弦の月	★★★☆☆	真昼 × 朝日	★★★★☆
真昼 × 新月	★★★☆☆	真昼 × 真昼	★☆☆☆☆
真昼 × 空	★★★★★	真昼 × 夕焼け	★★☆☆☆
真昼 × 山脈	★★★★☆	真昼 × 深夜	★★☆☆☆

★ 夕焼け ★

悠然としている頑張り屋さん

基本性格

強い信念をもち、一度目標を決めると秘めたパワーで突き進み、頑張る姿を人に見せたがらない、コツコツマイペースな陰の努力家です。壁があるように見えますが、意外と単純。要領がよく、根拠のない自信をもち合わせています。思考は論理的。実は打たれ弱く、少し短気な面も。好き嫌いがわかりやすい人です。

夕焼けのトリセツ

⬆好きなこと・喜ぶこと

- 包容力のある人に包まれる
- 得意なことをほめられる
- 過去の栄光への称賛
- 自分を好きな仲間といる
- 刺激を得ること
- マッサージ

⬇嫌がること・ストレスになること

- バカにされること
- 高圧的な態度や発言
- 自分を否定する人
- 不安にさせる言葉
- パーソナルスペースに入られること
- ダメ出し

2024年の開運のカギ

やるといいこと	家の中を整理し居心地のよい空間に
気をつけるべきこと	連絡は即レスを心がけ、溜めない

2024年の開運相性

恋愛運を上げる天星	仕事運をのばす天星	金運をのばす天星
夕焼け × 大陸	夕焼け × 新月	夕焼け × 満月

基本の開運色
桜色

2024年の開運色
紫

2024年の開運アイテム
お香

2024年の開運スポット
懐かしさを感じる場所

天星タイプ別 基本の相性

組み合わせ	相性
夕焼け × 満月	★★★☆☆
夕焼け × 大陸	★★★★☆
夕焼け × 上弦の月	★★☆☆☆
夕焼け × 海	★★★★☆
夕焼け × 下弦の月	★★★☆☆
夕焼け × 朝日	★★☆☆☆
夕焼け × 新月	★☆☆☆☆
夕焼け × 真昼	★★☆☆☆
夕焼け × 空	★★☆☆☆
夕焼け × 夕焼け	★★★★☆
夕焼け × 山脈	★★★★☆
夕焼け × 深夜	★★★★★

深夜

束縛を嫌う個性豊かな変わり者

基本性格

独特の感性や個性をもち、不思議な雰囲気をまとっています。自分のペースや世界を大切にし、我が道を進むタイプで、本当に好きなことは納得いくまでレベルを上げる頑張り屋。意地っ張りな面もあり、なかなか本心を伝えることができませんが、理解してくれる相手には深い愛情を注ぎます。

深夜のトリセツ

⬆好きなこと・喜ぶこと

- 自分だけの時間と空間
- パワースポット巡りの旅
- 楽しい毎日を送ること
- 本能に従って生きること
- うまく立ててもらうこと
- 休息をとること

⬇嫌がること・ストレスになること

- 根掘り葉掘り聞かれること
- 無駄なこと
- 状況を説明すること
- 偉そうな態度や人
- 束縛されること
- やりたいことを阻まれる

2024年の開運のカギ

やるといいこと	やりたいことリストを作る
気をつけるべきこと	紛失注意。データはバックアップを

2024年の開運相性

恋愛運を上げる天星	仕事運をのばす天星	金運をのばす天星
深夜×**新月**	深夜×**深夜**	深夜×**海**

基本の開運色
茶色

2024年の開運色
緑

2024年の開運アイテム
ブレスレット

2024年の開運スポット
温泉地

天星タイプ別 基本の相性

深夜×満月	★★☆☆☆	深夜×大陸	★★★☆☆
深夜×上弦の月	★★★★☆	深夜×海	★★★☆☆
深夜×下弦の月	★★★★★	深夜×朝日	★★★★☆
深夜×新月	★★☆☆☆	深夜×真昼	★☆☆☆☆
深夜×空	★★★☆☆	深夜×夕焼け	★★★☆☆
深夜×山脈	★★★★☆	深夜×深夜	★★★☆☆

★★★天星別 特徴

誘惑に弱い天星ベスト3

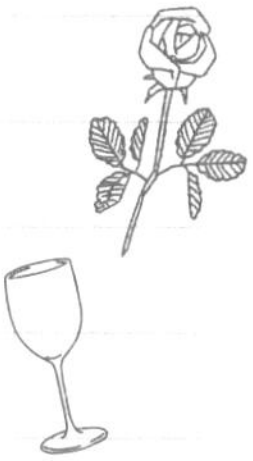

★1位★
空
誘惑したりされたり、流されやすく、ミーハー気質で、欲に負けやすい傾向あり。

★2位★
大陸
情にもろく、押しにも弱め。基本的には好きな人としか一緒にいたくないタイプ。

★3位★
上弦の月・山脈
錯覚が入りやすく騙されやすい上弦の月と、楽しくなるとワクワクが止められない山脈。

考えすぎてしまう天星ベスト3

★1位★
満月
自分に自信がなく、実は気にしい。大丈夫かどうか些細な言動に敏感に反応し、スローダウン。

★2位★
上弦の月
一度気になると、解決するまでモヤモヤ考え、こんがらがって、我慢しすぎて体調ダウン。

★3位★
新月・真昼・深夜
妄想モードで心が弱りやすい新月。考える方向がズレやすい真昼。生きづらさを感じる深夜。

RANKING

ケチな天星ベスト3

★1位★
山脈
節約家で貯金が趣味。人にはお金を使いたくないが、自分の欲しいものには投資。

★2位★
深夜
合理性を考えて基本ワリカン。誰かのために使う概念はないが、自分に利があるなら惜しみなく使う。

★3位★
夕焼け
お金には細かく現実的。損得勘定が敏感に働く。自分のためだと金銭感覚が疎くなりがち。

ランキング ★★★

人を信用しない天星ベスト3

★1位★ **海**

基本的に自分を守る。人は全員嘘つき、裏切ると過去の経験から決めつけていて、警戒している。

★2位★ **新月**

直感でピンとこなければ心を開かない。相手を警戒し、いろんな角度から探る。会話する時間次第。

★3位★ **下弦の月・大陸**

どちらも人は好き。上辺を合わせじっくり吟味する下弦の月。熱く語り価値観の一致で深まる大陸。

不安にさせてはいけない天星ベスト3

★1位★ **新月**

ネガティブスイッチあり。実はカマチョさんタイプ。何もかも嫌になると、殻に閉じこもる傾向が。

★2位★ **夕焼け**

強がっていても実は心配性。常に不安あり。空回りすると余裕がなくなり不満爆発。

★3位★ **上弦の月・下弦の月**

安心しないと落ち着かない上弦の月。不安から不満になりシャットダウンして逃げたくなる下弦の月。

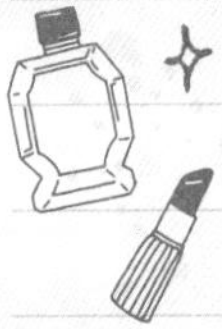

見栄っ張りな天星ベスト3

★1位★ **朝日**

ついつい大人のふりをしてカッコつけがち。余裕がなくても後輩には自分のおかげだと演出。

★2位★ **空**

自分をよく見せるために無意識に取り繕ってしまい、持ち物や人脈でもちょっと自慢しがち。

★3位★ **下弦の月・真昼**

憧れられたい下弦の月、先取りしすぎな真昼、どちらも高級や一流といったステータスに弱め。

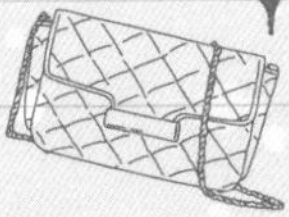

EPILOGUE

★ おわりに ★

最後まで読んでいただき、ありがとうございます。

今年、今月、今日
“今”がどんな流れ《リズム》なのかを描いた

―天星術第四ステージ―
『星ひとみの天星術2024』いかがでしたでしょうか。

天星、天星ナンバー、様々な性質
沢山の星と、光と影。

本書を通じて、今この瞬間を知る。

自分の知らない側面に気づいたならば
すべてはチャンスに変わります。

『運命は変えられる』
私はそう信じています。

今の自分はどんな流れにあるのか
今は何をするのがベストなのか。

「天星術」を知り、運気のリズムに乗れば、あなたが描いた未来に
たくさんの笑顔が舞い込んできます。

2024年という1年、そしてこの1日を、
どう過ごしていこうかと悩んだとき、
迷ったときに、そっと開き参考にしてみてください。

「天星術占い、それは人生の道しるべ」

影の時期でも大丈夫。
決して怖がらず、
間違えたっていいんです。
間違えたからこそ見える世界もある。

雨が降るなら傘を持って
雪が降るなら装備ができる
あなたの歩む道のり
どんな地図も描いてゆけます。

今年1年の
あなたの人生に訪れる“光と影”。
本書から読みとり、どう感じ、どう捉えるか。

どんな瞬間も、
たとえ今見える景色がどんな世界でも、
あなたが生きているこの1秒は
これからの人生で一度しか見られない景色となる。

EPILOGUE

運気は、世界は、刻々と変わっていきます。
限られた生命、限られた時間。

あなたは
誰と過ごしたいですか?
何をしたいですか?

できることならば、皆様一人ひとりにお会いしたい気持ちですが
私が今、皆様のためにできることは何か
できる限りのエネルギーを皆様に届けられるように

たくさんの方々に光が届くように願いを込め、
各天星、天星ナンバーごと、赤白と一人ひとりの皆様に、
さらに深く届くよう、
細かく書かせていただきました。

本書を通じて、少しでも皆様の
お手伝いができたのなら幸いです。

ゆっくり深呼吸し
心を落ち着かせて。

小さな光を感じられるように
今あるすべてに感謝を。

あなたは幸せになれる人。

2024年

もう一度自分を信じ
もう一度幸せの選択を。

「天星術」

いつも心のそばに。
今年もあなたのお守りに。

皆様が少しでも素晴らしい1年を送れるよう
お祈りいたします。

あなたは“大丈夫”

それではまたお会いしましょう。

2023年 10月吉日　星ひとみ

STAFF

編集協力
高橋尚子
［KWC］
安井桃子、杉本真理、長谷和希子、
阿部雅美、梶原知恵、西島 恵

アートディレクション
松浦周作
[mashroom design]

ブックデザイン
石澤 縁
[mashroom design]

イラスト
miya

企画協力
中込圭介
［Gオフィス］

Star Eyes

本書カレンダー記載の祝日・休日は2023年10月現在のものです。
法律の改正等により変更になる場合があります。